JN011173

東京10大学の150年史

小林和幸 編著
Kobayashi Kazuyuki

筑摩選書

東京10大学の150年史　目次

東京10大学の150年史

はじめに

小林和幸

明治維新は、日本のさまざまな分野で西洋文明を導入する契機となったが、西洋の自然科学や人文科学を体系的に教授する学校も、明治初期に設立され始めた。

近世以前の日本にも多種の「学校」があった。しかし、封建の時代から西洋列強と肩を並べられる独立国家へと舵を切ろうとする明治初年は、まったく新しい教育制度を必要とした。官立、私立を問わず、諸学校は、それぞれ異なった創立の理念、建学の精神を掲げ、新しい一歩を踏み出したのであった。それから今日まで、一五〇年の歴史が積み上げられている。

本書は、明治初年に創設された学校を起源に持つ、一〇大学の歴史とそれぞれの大学における歴史編纂について紹介し、また学校の歴史を編纂することの意義について考えることを目的に編まれたものである。

本書での大学史の記述は、各大学に所属する日本近現代史研究者による。その多くは、各大学の年史編纂に関わる。そうした立場から、各大学の創設以来の歴史を略述するとともに、近現代史の研究や年史編纂を進めるなかで見いだされた年史編纂の意義や目的について記述する。近現代史研究者の記述からは、各大学の一般にはあまり知られていない興味深い歴史を知ることができるであろう。

本書では、国立・私立の順に各大学が公表する創立年月をもとに各章を配置した。また、学校史を活用するヒントとなるコラム、ならびに掲載各大学の記述を併せた略年表を巻末に配した。

現在、多くの学校で年史編纂が行われているが、その目的は、各学校の歴史的な歩みを実証的に検討・検証することにより、「創立の理念」や「建学の精神」を問い直し、各学校独自の歴史のなかに各学校が果たすべき社会的役割を明確化することにあると思われる。また、歴史を顧みて、評価や反省を加えることは、次の発展の礎となるであろう。それぞれの学校は、必ずしも順風満帆の時代を過ごしてきたわけではない。日本近現代史の大きな流れのなかで、それぞれの歴史を経験しながら、試行錯誤も伴う幾度かの改革を行い、困難を乗り越えて、今日に至っている。年史編纂の成果を踏まえた学校史の記述は、各学校を知る上でもっとも適しているであろう。

学校史研究や年史編纂は、公文書などの公的記録や各学校が編纂する多様な刊行物、さらに関係者の個人資料など、学校内外の多様な資料を閲覧・利用して行われる。収集される資料からは、一学校の歴史に留まらない日本の近現代史全般に関わる史料が見いだされることもある。

各学校の創設者やその支援者は、日本近代史上の重要人物であることが多い。近代日本の政治や経済活動の第一線に立った人物は、一様に教育に強い関心を持ち、その中には、高い使命感と志を持って実際に学校の創設や運営にあたった人物がいる。本書に掲載されている各大学の創立者は、いずれも近代日本の歴史に大きな足跡を残した人物である。

また、各学校の教員や卒業生が政治・外交、経済・社会事業、芸術等に顕著な業績を残した場合、学校史の編纂過程でそうした人物の資料を収集することも行われている。学校史の研究は、そうした意味で、近現代史研究における史料的なインフラ整備という側面もある。

さらに、明治以来の学校創設は、その目的として官吏や教員養成をはじめ、法律や政治の専門家の養成や一般教養の普及を目指したが、仏教やキリスト教、神道などさまざまな宗教を基盤として人格教育を使命とする学校もある。そうした意味で、学校史の研究は、関連する分野は極めて幅広く存在する。教育史、思想史、経済史、宗教史など近現代史の諸分野にまたがり、それぞれと幅広い関連性を有する。年史編纂や学校史研究で収集した資料や成果の公開は、近現代史研究の発展に寄与するであろうと思われる。

したがって、日本の近現代史の諸分野を研究する際にも、学校史の研究は有用と思われる。本書が、近現代史や学校史に興味を持つ人にとって、何らかのガイドとなり、こうした学校史の研究が、日本の近現代史研究の発展に貢献することになればと考える。

また、編者としては、各大学の校友をはじめ、大学などの受験を控えた人たちやそのご家族の手に取ってもらえることを願っている。本書はそうした方々が、各学校の歴史に根ざした違いや、各学校が何を目指そうとしているか知るよすがとなると思う。また受験を考える方々が各学校の建学の精神を理解して、もっとも惹かれる学校を主体的に選んで入学するようになるのであれば、それに勝る喜びはない。

なお、本書は、二〇二一年一一月に開催された青山学院大学における青山学院史研究所開設記念シンポジウム「学校史・大学史研究の可能性」を一つのきっかけとして編まれることとなった。青山学院関係各位、シンポジウムに参加してくださった皆さま、さらにシンポジウムに興味を持ち、編集の労を厭わず、刊行に向けご協力くださった筑摩選書編集部ならびに担当編集者の松田健氏に心から感謝申し上げたい。

本書が、さらに他の日本国内の有力大学についても、その歴史をわかりやすく伝える書籍の端緒となれば幸いである。

二〇二二年一一月一六日　青山学院創立記念日に

第1章　筑波大学一五〇年史【一八七二年五月創立】

中野目　徹

1　筑波大学の歴史

はじめに

今年（二〇二二年）筑波大学は、一八七二（明治五）年に師範学校が創立されて以来数えて創基一五〇周年を迎えた。筑波大学が開学して来年で五〇周年となるため、記念行事はそれにあわせて「創基一五一年筑波大学開学五〇周年記念事業」として執り行うことになっている。

一五〇年という歴史は、東京大学が百年史を編纂したとき一八七七（明治一〇）年を起点としたために、国立大学法人のなかでは最も古い起源をもつ大学となっている。一八七二年といえば、新橋—横浜間に日本で初めて鉄道が開通し、年末に徴兵令が公布され、現在の太陽暦に改暦された年として知られている。すでに「文明開化」の声も聞かれはじめ、近代化への歩みを着実に開始した年といえよう。そのような年に師範学校が設置された理由はほかでもない。この年八月三日（旧暦）、政府は近代的な教育制度の構築をめざして学制を頒布したからである。それにさきだち文部省は、東京に師範学校を設けて新たに開設される小学校の教員養成を担わせることにしたのである。ほどなく女子師範学校や各府県師範学校の整備も進むが、筑波大学の前身の師範学校は教員養成系学校の嚆矢であったといえよう。

師範学校は、その後東京師範学校、高等師範学校、東京高等師範学校、東京文理科大学、東京教育大学と変遷しながら今日の筑波大学につながっている。この間、高等師範学校の時期には「教育の総本山」と呼ばれるようになった。また、東京教育大学と筑波大学の開学のときには大きな混乱があり、いずれの場合も単なる大学名の変更ではなく、前身校の閉学という措置によって新大学として発足したという経緯がある。したがって、教育大の卒業生のなかには、いまだに筑波大を母校の後継校とは認めない者も少なからず存在する。問題の発端は、教育大が設置されたときの混乱、学則の第一条で教育者の養成を謳ったことにあると私には思われるが、それについては順を追って述べていくこととしたい。

筑波大学一五〇年の歴史をたどることは、近現代日本における教育と教員養成をめぐる問題をとおして大学制度と学問のあり方を問い質すことにつながるであろう。折しも『創基一五一年筑波大学開学五〇年史（仮称）』の編纂事業が継続中である。大学史の編纂が右のような課題とどのような接点を有するのかということにも言及してみたい。

師範学校から東京師範学校へ

日本で最初の師範学校の開設は一八七二年旧暦五月二九日、校地は授業の開始された同年九月に神田宮本町（現在の東京医科歯科大学の所在地、幕府昌平坂学問所の遺趾）に定められた。設置根拠は同年五月文部省布達番外で、全額官費をもって運営される官立学校だったのである。「師範学校」という名称は、そもそも学制が主として仏国の教育制度を模範としたため、エコール・ノルマル（**école normale**）に既存の「師範」の文字を訳語として当てたものと考えられる（『師表学校』という案もあった）。

創立当初の校舎と教員・生徒

現在筑波大学では、この時期前後の法人文書（かつての公文書）の所在は確認されていない。周知のように関東大震災によって旧文部省の公文書は烏有に帰しており、一九二三（大正一二）年以前の歴史公文書等の不在は、近代教育史研究や大学史編纂事業の進展を妨げてきた最大の要因となっていて、筑波大もその例外ではない。

師範学校が生徒を募集し試験を行ったのは七二年九月であった。試験科目は漢学を重視し、算術では比例が出題された。この試験を突破して入学したのは受験者三〇〇名中五四名であったという（『自第一学年至第六学年東京師範学校沿革一覧』）。入学資格は二〇歳以上、当初の修学年限は一年であり、一期生の卒業者はわずかに一〇名のみであった。生徒には官費が支給され、一定年間の教員就業義務が課された。七八（明治一一）年までに合計二二八名の卒業生を輩出した（同上）。

初代校長は諸葛信澄、教員は米人のM・M・スコット一人であり、彼が通訳を通して全教科目を担当した。諸葛は長州出身で七五年に大阪師範学校長に転じ、ついで洋学者として著名な箕作秋坪が学校摂理に就任、七七年からは慶応義塾出身の秋山恒太郎が校長職に就いた。スコットは大学南校に招聘したお雇い外国人教師で在任期間は一年であった。

翌七三年二月になると、生徒の実習のために附属小学校が設置され、七月には校名を東京師範学校と改称した。大阪と宮城（仙台）にも官立の師範学校が設置されたからである。翌七四年五月一八日には明治天皇の臨幸を仰いでおり（『明治天皇紀』第二）、開学二年のこの時点で師範学校は所期の目標を達成する見込みが立ったものと判断できよう。七五年の政府からの補助金は追加分込みで四万六六〇〇円であった。翌七六年四月には、従来の小学師範科に加えて中学師範科が新設されて、いよいよ中等学校教員養成が本格化する。最初の入学生は六〇名、就学年限は三年であった。七八年になると、米国留学から帰国した伊沢修二と高嶺秀夫が着任し、あいついで校長、校長補に就任して教育態勢が整った。

東京師範学校の時代で注目されるのは、八二（明治一五）年四月に日本で最初の学校同窓会として茗渓会が設立されたことである。当初の会員は一二三名であったという。「同窓の交誼を継続し共に教育の進歩を謀る」ことを目的に掲げ、雑誌の発行や研究会を開催した。一九〇〇（明治三三）年には社団法人化され、宿泊もできる茗渓会館を運営し、今日も一般社団法人として存続している（『東京茗渓会雑誌』『茗渓会百年史』ほか）。

高等師範学校の設立

一八八五（明治一八）年第一次伊藤内閣で初代文部大臣に就任した森有礼（ありのり）（薩摩藩出身）は、翌八六年に帝国大学令、師範学校令、中学校令、小学校令のいわゆる諸学校令をいずれも勅令で制定して、それまで骨格の定まらなかった学校教育制度を確立した。その柱の一つであった師範学校令（同年四月一〇日勅令第一三号）は、第一条で師範学校を教員養成校と定め、生徒が備えるべき「気質」を「順良」「信愛」「威重（いちょう）」の三つとした。この部分は森自ら起草したことが知られている。ついで、第三条で東京に高等師範学校を一校設置するとされ、従来の東京師範学校がそれに指定されて、他の尋常師範学校長及び教員等を養成する学校となった。官立の高等教育機関で予算を全額官費で支弁する文部省直轄学校は、全国でも帝国大学と高等師範学校のみであった（のちの一高など旧制高等学校は中学校令で定める高等中学校にすぎなかった）。

創立の翌五月一八日、明治天皇の行幸があった。このときの勅書に、「本日親シク此校に臨ミ教務改良諸事整理ノ緒ニ就クヲ見ルハ朕ガ甚ダ嘉（よみ）スル所ナリ。教官等ノ勉励ニ因リ将来益（ますます）進歩アランコトヲ望ム」（五〇年史編纂室）とある。ついで同月二九日、英照皇太后及び照憲皇后の行啓があった。

高等師範学校の校長は勅任官とされ、森の強い希望で陸軍大佐の山川浩（会津藩出身）が転補され兼任のまま同年陸軍少将に進んだ。体操専修科も開設され（すでに八五年に体操伝習所が附属されていた）、生徒に兵式体操が課されて、寄宿舎の生活も軍隊化されるなどの傾向が強まった。一方で、同じ森の方針により八五年、女子師範学校（お茶の水女子大学の前身）が東京師範学校の女子部となった時期もある（高師設立後の九〇年まで）。その後一時、東京音楽学校（東京芸術大学音楽学部の前身）も高等師範学校の附属とされていた。教授陣の充実も図られ（夏目漱石が講師として出講していたのもこのころである）、生徒の学力も向上したが、先の三気質の徹底や軍隊式の生活などから、いわゆる「師範タイプ」と呼ばれる独特の卒業生像の定着も進んだ。

一八九七（明治三〇）年、勅令をもって師範教育令が公布され、高等師範学校が養成する教員を師範学校のみならず中学校、高等女学校に広げて明示されることになった。この結果、中学校教員のポストをめぐり帝大派（赤門派）対高師派（茗渓派）の対立が新聞雑誌上で盛んに喧伝され、その余波として一九〇二年には教科書採用をめぐる疑獄事件が発生し、師範学校長、中学校長や県視学などを務めていた茗渓派の教員、吏員が多数更迭され、教科書も翌年から国定化されるなど大きな影響が生じた。同年、広島にも高等師範学校が設置され、それにともない東京高等師範学校と改称された。翌年には大塚（茗荷谷、現在の筑波大学東京キャンパス）への移転を完了した。

高等師範学校の校長は一八九三年以来、断続的に文部官僚の嘉納治五郎（かのうじごろう）が続け、それは一九二〇（大正九）年まで実に二八年の長きに及んだ。この間いつしか、「嘉納の高師か、高師の嘉納か」と言われるようになったが、これには二つの意味があったと考えるべきである。一つは、嘉納の独自の師範教育観が高等師範の教育理念として貫徹していたという意味と、もう一つは、次節で述べるように彼の師範教育観と学内への強い影響力が大学昇格を阻む暗礁となっていたという意味である。

一九一一（明治四四）年一〇月三〇日、教育勅語の発布日をもって開学記念日としていた東京高等師範学校は、明治天皇の名代として皇太子（のちの大正天皇）の行啓を仰いで、創立四〇年記念式典及び祝賀会を開催した。この式典に関する簿冊は現在、五〇年史編纂室で管理しているが、四〇周年で記念式典を行ったのは、高師開学四半世紀、新校舎落成が機縁となっていた。

東京文理科大学への昇格

一九一八（大正七）年、原内閣は大学令を制定して、それまで専門学校の扱いであった官立専門学校や私立大学の大学昇格を認めることになった。これを受けて、慶應義塾大学や早稲田大学など私立大学が続々誕生したのと同時に、東京高等商業専門学校が東京商科大学に（一橋大学の前身）、各地の高等医学専門学校が単科医科大学（千葉大学医学部の前身ほか）へと昇格する動きが活発になってきたのである。創立以来建制（官制）上つねに官立専門学校の第一位にあった東京高等師範学校はこの動きに出遅れた。その理由としては、先述した嘉納校長が独自の師範教育観から昇格に乗り気でなかったこと、大学令第二条が定める学部に師範学や教育学がなく、アカデミズムのなかで学問領域として未確立であったことなどが挙げられよう。

　これらの動きを見て、一九年一二月三日、まず生徒が立ち上がり、卒業生でもある教官や茗渓会も同調して昇格運動が開始された。このとき在学生の大和資雄によって作詞され歌われたのが、いまも筑波大生の間で歌い継がれている宣揚歌（校歌や応援歌ではない）である。

一　桐の葉は木に朽ちんより　秋来なば先馳け散らん
　　名のみなる廃墟を捨てて　醒めて立て男子ぞ我等
二　日の下の教の庭に　いと高き学舎ありと
　　人も知る茗渓の水　よし枯れよ濁さんよりは（『茗渓歌集』）

　とくに二番の歌詞は当時の高師生の心意気を如実に示していると思う。運動のスローガンは「昇格か廃学か」という徹底したものであった。嘉納を継いだ三宅米吉校長を先頭に、卒業生で政友会幹事の三土忠造（後に文部大臣、大蔵大臣等歴任）らも総出で文部大臣、次官らと折衝し、大臣の確約を得たということで前代未聞の運動はようやく終息した。しかし、関連予算の帝国議会通過は二三年三月までずれ込み、その年の関東大震災で実際の設置はさらに延期され、一九二九（昭和四）年四月一日、文理科大学官制によって悲願が達成されたのである。予算案が貴族院で決議されたとき、「文理科大学ヲ教育大学ト改メ其ノ組織ハ完全ナル師範養成ノ目的」を果たす必要があるとの付帯決議がなされた。

東京文理科大学の初代学長には東京高等師範学校長三宅米吉が就任した。ところが、三宅は大学発足約半年で急死してしまい、この大学の前途多難を思わせた。三一年には昭和天皇の行幸を仰いで創立六〇年記念式典を開催した。五〇年よりも盛大になぜ六〇年を祝賀したのかは謎だが、当時の民政党政権が文理大・高師の廃止案を提出していたので、それへの対抗措置という意味合いがあった可能性もある。

東京文理科大学・東京高等師範学校校舎

大学は東京高等師範学校の専攻科を昇格させたという基本的考え方であり、高師は文理大に附属するけれども、大学とは別の官制に根拠をもつ学校のままであった。教官もごく一部の有資格者だけが文理大に移行し、所属により栄典の基準等にも差が生じることになった。このような文理大と高師の教官の間の微妙な関係は、戦後の東京教育大学発足に際して校名をめぐり最後まで両者の合意に至らなかったという問題につながり、ひいては教育大の筑波移転をめぐる対立の伏線にもなったと私は考えている。

東京文理科大学は単科大学であったが、内部を文科（学位は文学士）と理科（理学士）の大きく二つに分け、教育学、哲学、史学、文学、数学、物理学、化学、生物学、地学の九学科を設置、その下に講座ではなく専門学科（教室と称される）――たとえば史学科であれば国史学、東洋史学、西洋史学（当分之を欠く）を置いた。人事や予算配分は実質的には講座単位で行われ、国史学であれば第一、第二の二講座から成立していた。哲学では京都帝国大学出身の西田哲学系の教官（務台理作、高坂正顕）を配置するとか、国史学でも文化史（松本彦次郎）と思想史（村岡典嗣）の講座を開設するなど、同じ東京にある東京帝国大学とは差異化を図る工夫や努力をした。開学後ようやく成果が出はじめた昭和一〇年代になると、教官や学生が出征して戦死、行方不明となったり、一九四五年五月の空襲で本館と東館が焼失する被害を受けるなど、文理大は時代の大きなうねりに翻弄されることになった。一九五三（昭和二八）年、実質二一年で二三九六名の卒業生を輩出して閉学した。その八〇％以上が大学や高校で教職に就いている（公務員が一〇％、会社員はわずかに三％）という事実が、この大学の性格を物語っているであろう。

東京教育大学の発足

戦後の教育改革にともなう新制大学の発足にあたって、東京教育大学の場合、①包括するのはどの旧制大学、専門学校か、②文理大と高師の主導権争い、③新大学の目的とりわけ教育者養成の位置づけ、という三つの問題の解決が必要であった。

第一に、東京高等師範学校を母体とする文理大、高師（大塚）、それに一九四一年に誕生していた東京体育専門学校（幡ヶ谷）の三校の統合は当初から決まっていたものの、東京農業教育専門学校（農教）と合同するかどうかは未確定であった。そもそも農教は東京帝国大学農学部の附属機関であり、校地も駒場にあった。一時は東京外国語専門学校（東京外国語大学の前身）の統合も取りざたされた。

第二の問題は深刻であった。両者の間に当初から不協和音があったことは前節でも指摘したが、教員数からいえば高師側が多数を占めていたのである。新大学の名称について、文理大はそのまま「東京文理大学」を、高師は「東京教育大学」を主張し、途中文部省の仲介もあって「東京文教大学」という案も出されたが、結局東京教育大学に決定された。これに難色を示した文理大側は統合脱退を決定、最終的には、学則第一条「大学の目的及び使命」を修正することで妥協が図られ文理大側が発足協議に何とか復帰するという一幕もあった。文理大には一橋大、東工大、千葉医大という旧制官立単科大学四校を統合しようという動きもあったという（『東京文理科大学新聞』、当時文理大生であった芳賀登元名誉教授からの聞取りほか）。

これが第三の問題につながっている。東京教育大学の学則第一条は、「高い識見と広い視野を持つ有能な教育者たるべき人材を育成する」と定めていた。つまり教員養成課程ではないのに、教育者の育成を設置の目的に掲げていたのである。当時の学校教育法第五二条が定める「深く専門の学芸を教授研究」するだけでなく、教員養成学校の性格を引きずってしまったといえよう。文理大側教官の反発もこの点にあったのだが、衆寡敵せずこのときは涙を飲むかたちとなった。

これも筑波移転問題が発生したときの分裂の要因の一つになったものと私は考えている。

こうして東京教育大学は、文理大時代に新設が決まっていた光学研究所を附置する五学部一研究所の計六部局、都内四カ所にキャンパスを有する比較的小規模な総合大学として出発することになった。とはいえ、これによってようやく学部学科講座制から成る旧制帝国大学並みの大学となったのである。もっとも、農学部と体育学部は統合前に高等専門学校だったため、両学部の大学院には博士課程は設置されなかった。教養部は置かれず入試も学科単位で行われ、これによって学生には高度な専門性が養われたが、卒業生の進路としては廃学まで一貫して高校教員が多数を占めていた。

教育大の初代学長には、文部省社会教育局長として統合の調整に当った柴沼直（しばぬまなおし）が就任した。二代学長には文理大時代から物理学科の教授を務め、光学研究所の設立にも関わった朝永振一郎（ともながしんいちろう）が選出された。朝永学長時代は、途中六〇年安保闘争を挟むとはいえ、教育大の歴史のなかで最も安定した時期といわれる。学長退任後の一九六五年、朝永は日本人で二番目となるノーベル賞を受賞して学内は盛り上がった。

教育大に移転の機運が萌（きざ）してきたのは六〇年代に入ってからである。校地が都内に散在しているため、一般教育の実施が困難であり、実際に予算要求までなされた社会科学系の学部新設や学生会館の建設なども現有の校地では不可能であった。評議会の下に設置された施設小委員会で移転先の選定が開始され、具体的に八王子や埼玉県の東松山などが候補地として検討されていたが、六三年になると当時の首都圏整備委員会で構想していた筑波研究学園都市計画の概要が示され、にわかに筑波移転問題として展開することになったのである。同年、学内に大学移転問題特別委員会が、翌六四年、全学将来計画委員会が発足してさまざまな検討が開始された。

六五年になると文部省から筑波への移転を決定してほしい旨の要望があり、それへの対応をめぐって七月ころから評議会と文学部教授会の対立が露わになり、六七年に至ってもその対立は解消されないどころか過熱化し、同年六月一〇日の評議会で筑波移転が決定されると、同二一日、文学部教授会は移転反対と協力拒否の声明を発表して、対立は決定的となってしまった。

筑波移転問題と新構想大学の開学

一九六七年七月二六日、移転推進派はマスタープラン委員会を設置し、移転後の大学の具体像を次々に提示していった。一方、文学部内にも移転賛成派が名乗りを上げるなど紆余曲折があったものの、移転問題は折からの学生運動ともからみ合って非常に複雑な様相を呈してきた。この間、学生組織による大学施設のロックアウト、東大と並んで六九年度入試の中止（体育学部を除く）、大学側の警察力導入によるロックアウト解除、検問実施下の授業再開など、学内は騒然たる雰囲気に包まれていた。そのようななかで、同年一一月には筑波新大学創設準備委員会が設置され（文学部の移転賛成派教官も参加）、そこでの議論から、教育大が筑波研究学園都市に単純に移転するのではなく、新しい大学を創設する方がふさわしいのではないかという意見が出され、しだいに賛成派内の大勢になっていく。

七〇年五月一四日には筑波研究学園都市建設法が施行され、翌七一年には新大学開設準備委員会を開設、また、文部省内にも筑波新大学創設準備会(会長柴沼直)が設置されて新大学の最終構想が練られた(七三年九月に完成。いわゆる「青表紙」という)。多くの反対運動や、とくに公的機関である日本学術会議や国立大学協会からも疑義が提出されるなか、七三年九月二九日、国会で国立大学設置法等の一部を改正する法律案(いわゆる筑波大学法案)が可決され、一〇月一日に筑波大学が開学することになった。

筑波大学はそれまでの国立大学にはないさまざまな新制度をもって開学した。たとえば、教官が所属するのは学系と呼ばれる哲学思想学系など二六の組織であり、教育は学群・学類、大学院において行われる。学部の教授会というものはなく、各研究・教育組織ごとに置かれる教員会議がそれぞれの所掌範囲内の事項だけを審議する。五人の副学長、外部有識者から成り学長に助言・勧告を行う参与会、学内部局長から構成される評議会、そして人事委員会で全学の人事を一元的に管理するなど、他大学にはない制度を大胆に取り入れた。その後、世紀転換期に大学院部局化を進めて教官の所属と人事権を人文社会科学研究科など六つの大研究科に集約しようとしたが、十全に機能する前に〇四年からの国立大学法人化という大波によって、今度は人文社会系など一〇の系という組織に教員の本属先と人事の発議権を所属させることになって今日に至っている。〇二年には図書館情報大学を統合した。最近、大学院と学士課程の学位プログラム化がなされ、指定国立大学法人の認可を受けた。

筑波大学には「建学の理念」が存在する。そこでは、「開かれた大学」や「国際性」のほか「責任ある管理体制」を謳っている。また、学則でも「教員養成」は姿を消し、ようやく「教育」の呪縛からは解放されたといえよう。ところが、初期の卒業生の就職先として高校教員が多かったため、これでは教育大学と変わらないではないかと当時の新聞で揶揄されたこともある。その後工学系の教育組織も開設されて、そのような傾向は見られなくなった。全国的な傾向かもしれないが、むしろ最近では、教員免許を取得する学生の比率は著しく低下している。

初代学長には、教育大で学長を経験し移転問題の初期に携わった三輪知雄が就任した。以後今日まで一一代の学長を数えるが、私は筑波大学五〇年の歴史は次の四期に区分するのが適当ではないかと考えている。①草創期、②発展期、③転換期、④充実期である。それぞれの根拠と実態については、二〇二三年刊行予定の『創基一五一年筑波大学五〇年史図説編（仮称）』をご覧いただきたい。

2 年史編纂事業

大学史編纂とアーカイブズ

すでに述べたように、二〇二三年の創基一五一年開学五〇周年に向けて、筑波大学では二〇一六年から五〇年史編纂事業が開始された。以下に、この編纂事業と大学アーカイブズの動向にふれておきたい。

『創基一五一年筑波大学五〇年史（仮称）』は、通史編一冊、史料編二冊、図説編一冊の計四冊から構成されることになっている。まず史料編を編纂し、途中図説編を挿んで、最後に通史編を刊行して完結させるという計画である。大学史の編纂事業としては正攻法といえよう。現在は、総務人事担当副学長を委員長とする編纂委員会の下に編纂室を設置し、室内に実際の編纂実務を担当するワーキンググループを置くという態勢で事業を進めている。ここまでのところでいくつかの問題点も浮かび上がってきている。

その一つは、編纂日程が非常にタイトなため、関係者の負担がかなり大きくなっていることである。もとより時限事業であるから、予定通り作業を進める以外の選択肢はないのであるが、綱渡りの状態が続いているのは事実といえよう。

二つめには、筑波移転反対運動をどのように扱うかである。これについては、開学に直接つながる動きを伝える史料を史料編下巻（筑波大五〇年史）に収録して、反対運動の動向を伝える史料は史料編上巻（前身校の歴史）に掲載するという方針で編纂している。

三つめは、掲載史料の性格として、まず分量の問題から、制度史的な史料が中心となり、教育・研究内容や学生生活の具体相を示すような史料は収録が難しいということである。加えて、筑波大の場合、組織改革が頻繁かつドラスティックに行われてきたため、他大学の年史で相当分量を占める部局史の編纂が不可能であるということだ。

四つめは、従来筑波大では正式な大学史の編纂が行われず、史料の収集がまったく手つかずであったという問題である。もっとも、これについては、大学史編纂に先立って大学アーカイブズを設置し（二〇一六年）、一方で学内外の法人文書や寄贈・寄託文書その他の史料を受け入れながら、他方で大学史を編纂するという、アーカイブズと大学史編纂がいわば車の両輪、輔車唇歯（ほしゃしんし）の関係で各々の事業を展開することにより、現在のところ円滑な関係を維持している。

大学文書館が大学史編纂にタッチするのは、アーカイブズの本質から考えて不適切だという議論もある。私も議論としては理解できるのだが、しかし、大学文書館の実際の業務量などから判断しても、アーカイブズとしての機能にプラスになるのであれば、両事業を兼務して遂行する方が合理的であるように感じている。とくに資料収集に当たっては大きな便宜がある。筑波大の場合、大学史編纂室はアーカイブズ建屋のなかに設置され、ともに事務部門は総務部総務課が担当している。アーカイブズ、編纂室、総務課は三位一体となって資料の収集と管理を行っているわけである。

おわりに

一八七二年の師範学校設立以来、筑波大学に至る一五〇年の歴史を概観し、現在進行中の大学史編纂と関係史料の収集・保存問題にも言及してみた。一五〇年の歴史は教員養成を宿命としてきた師範学校~東京教育大学が、すでにその内部で「教育」との関わり方をめぐって対立をはらんでいたこと、それが東京文理科大学への昇格や閉学の時点から燻(くすぶ)っていて、筑波移転問題を契機として、とくに文学部内で一気に噴出して大きな混乱を招いたこと、しかし、その結果、これまでの国立大学にはない新構想大学として筑波大学が誕生することにつながったと考えることができる。開学当初の筑波大には紛争の余韻とともに、「新構想大学」としての何らかの魅力があったことは確かであった。

教育大から筑波大に引き継がれたのは留年生や附属図書館の本だけではない。七八年三月二九日付文部省大学局長の通知によって、教育大の公文書は筑波大がその管理を引き継ぐことになっている。それゆえ、現用の学籍簿等のほか現在アーカイブズや編纂室で保存・管理している東京師範学校以来の歴史公文書等があるわけで、そのことは厳然たる事実として理解すべきである。

そのうえで、教育者養成の呪縛から解放された筑波大が「新構想大学」としてどれほどの成果を挙げたのか、五〇年が経過し良きにつけ悪しきにつけ結果は出始めていると思う。これまでの歩みを見直し歴史的評価を下しつつ、将来を構想すべき時期にきているのではないだろうか。

参考文献

東京師範学校編・刊『自第一学年至第六学年東京師範学校沿革一覧』(一八八〇年)
東京高等師範学校編・刊『東京高等師範学校沿革志』(一九一一年)
東京文理科大学編・刊『創立六十年』(一九三一年)
東京文理科大学・東京高等師範学校編『創立七十年』(培風館、一九四一年)
(茗渓会編・刊)『茗渓会七十年史』(一九五二年)
東京文理科大学編・刊『東京文理科大学閉学記念誌』(一九五五年)
茗渓会編『茗渓人物志』(講談社、一九七二年)
東京教育大学新聞縮刷版刊行会編・刊『文理科大学新聞教育大学新聞縮刷版 一九四六―一九七三』(一九七八年)
鈴木博雄『東京教育大学百年史』(日本図書文化協会、一九七八年)
家永三郎『東京教育大学文学部』(現代史出版会、一九七八年)
『写真集東京教育大学一〇〇年』(財界評論社・教育調査会、一九八〇年)
茗渓会百年史編集委員会編『茗渓会百年史』(茗渓会、一九八二年)
福田信之『筑波大学のビジョン』(善本社、一九八三年)
筑波大学十年史編集委員会編『筑波大学その十年』(筑波大学総務部総務課、一九八三年)
同右編『回顧篇・筑波大学十年史』(同右、一九八四年)
『筑波学生新聞縮刷版』(筑波大学学生新聞会、一九八七年)
『筑波大学新聞縮刷版』(昭和六十年度~平成六年度)

『桐花爛漫―筑波大学131年人物列伝―』編集委員会編『桐花爛漫―筑波大学131年人物列伝―』（二〇〇三年、筑波大学開学30周年（創基131年）記念事業等実施委員会　北原保雄）

筑波大学30年史編集委員会編『筑波大学30年史年表』（筑波大学総務・企画部広報課、二〇〇八年）

福原直樹・伊藤純郎編『筑波大学新聞で読む筑波大学の40年』（筑波大学出版会、二〇一三年）

コラム1

「法医工文理」の大学史

田村 隆／山口輝臣

田村と山口は、大学における学部の並び順という視点から、東京大学をはじめとする国立大学の歴史を考察したことがある。その概要は以下の通り。

①学部の並び順は、東京大学が唯一の帝国大学となった一八八六（明治一九）年の帝国大学令において、分科大学（のちの学部）を「法医工文理」と列記したことで定まった。ただしこの順となった理由は未詳。

②それ以降の学部増設と、帝国大学の新設については、「法医工文理」という原点を残しつつ、新設学部を最後尾に加えていく方法が採られた。原点＋設置順の原則である。

③一九四九（昭和二四）年に新制国立大学が発足すると、国立学校設置法によって、リベラルアーツ系を先頭に、「文育法経理医工農」の順を基本とするものに転換した。新設の学部は最後尾ではなく、関連のもっとも深い学部の次に置かれた。

④しかし東京大学は、なぜか学部通則でこれを採用せず、旧来のものを踏襲したため、現在も「法医工文理農経養育薬」という他の国立大学と大きく異なる並び順となっている。

以上を踏まえつつ、このコラムでは、その時には言及できなかった論点、具体的には、「法医工文理」の以前やそれ以外の並び順、そして並び順を超えた「法医工文理」の用いられ方などについて、記していこう。

「法医工文理」の成立前後

「法医工文理」の学部の並び順に早く着目したのは一八九〇年に帝国大学文科大学に入学した正岡子規（一八六七〜一九〇二）で、「法医工文理の順序」（『日本及日本人』第一六〇号、一九二八年九月）という文章が知られる。帝国大学分科大学の順序を「法医工文理」と定めたのは「実用といふ点を土台とせしならん」と推測し、「即ち法学士は一国の医者で、医者は一人の調理者であります」という具合に各学問分野を位置づけてゆく。文章は、「何にしろ此五科の順序は、実にうまくきめたものです。不思議な様です」と結ばれる。

ただし、今日まで続く「法医工文理」は①で触れた帝国大学令からで、一八七七年の東京大学創立時の学部の並び順は必ずしも一定しないものの「法理文医」が多かった。一八七〇年二月の「大学規則」に見られる「教科・法科・理科・医科・文科」の並び順が影響しているかもしれない。「法理文医」と医学部が最後に並ぶのは、法理文の三学部は神田錦町にあり（学士会館の玄関脇に「東京大学発祥の地」の碑がある）、医学部のみが本郷にあったという地理的背景によるものであろう。三学部では当時、「東京大／学法理／文三学／部図書」という蔵書印が用いられた。また、「法理文医」からのもう一つの変更として、「理文」の順序が帝国大学令では「文理」へと入れ替わっているがその理由は不明である。

学部の並び順は学内のさまざまな場面、たとえば大学案内やホームページの掲載順や入学式・卒業式の壇上列席者の席順などに反映されるが、「法医工文理」はそこから派生した用いられ方も散見する。最も早い応用例としては、帝国大学令の翌一八八七年の学位令であろう。第二条には「博士ノ学位ハ法学博士医学博士工学博士文学博士理学博士ノ五種トス」とあって、学位の並び順も「法医工文理」である。

並び順以外の「法医工文理」

さらに進んだ用いられ方もある。たとえば、寺田寅彦（一八七八〜一九三五）の随筆「夏」の一節「デパートの夏の午後」には以下のような文章がある（『寺田寅彦全集』第三巻、岩波書店、一九九七年。初出は『東京朝日新聞』一九二九年八月二七日）。

しかし百貨店の可能性がまだどれほど残されているかは未知数である。その一つの可能性として考えられるものは、軽便で安価な「知識の即売」である。法医工文理農あらゆる学問の小売部を設けることである。

ここでは「あらゆる学問」の意で「法医工文理農」が用いられている。かつて一般に文学部の各学問分野を指して「哲史文」などと呼んでいたのに通じよう（今は学科も多様化し用いられなくなった）。ちなみに、この随筆が掲載された一九二九年八月時点ではすでに経済学部も加わっているが、経済学部創設は一九一九（大正八）年二月に帝国大学令改正により分科大学が廃され学部が設置されたタイミングであり、主に分科大学時代を生きた寺田にとっては「法医工文理農」が最もなじみ深い括りだったのだろう。国立国会図書館の「次世代デジタルライブラリー」で検索すると、大学の学部と直接関係のないはずの京都市編『京都小学五十年誌』（一九一八年）という本の緒言にも「第三編の論文は、法医工文理の順序によりて排列せり」とあって、各学問分野を並べる語として用いられている。

このような用法は他にも見出され、たとえば干河岸貫一著、赤松連城閲『法雨余滴』（一八九六年）には、

> 人世普通に四民共入用なるは、其等の高尚なる法理文医農工の専門学科にはあらず、読書習字算術等普通の小学科が最も必用である。

とあり、ここでは専門学科が「法理文医農工」と並べられる。これは草創期の東京大学における「法理文医」に新しい分科大学の「農工」を加えた形である。「法医工文理」が定着してゆく一方で、以前の並び順も生き続けているさまがうかがえる。辞書刊行会編『五分間演説辞典』（秀文社、一九三五年）でも、

法理文医及び農商工の諸学は、此れ諸君の今より宜しく択んで就くべきの専門学にして、此等の学業を卒るの士、前後に輩出したりと雖も、明治の国家は、学士の需要を感ずる愈〻急なり。

と並ぶ。ここでは「諸学」に「商」も含まれている。「法理文医及び農商工の諸学」という「法理文医」を基にした並び順で学問分野全般を表している。

分野を列挙して「諸学」を呼ぶことは今日ではなくなった。学問分野が多様化し、各大学で新しい学部も増えているためであろう。「哲史文」と同じ事情である。一八八六年に生まれた「法医工文理」の並び順は、今は「法医工文理農経養育薬」として東京大学の学部および部局の並び順という当初の役割のみを担っている。

「法医工文理」以外の並び順

こうして「法医工文理……」は再び東京大学だけのものとなった。しかし、単科大学を別にすれば、どこの大学でも学部を並べる必要のある場面があるはずだ。そうしたとき、東京大学以外ではどうしているのだろうか？　至極まっとうな疑問であるが、今や八〇〇校近い大学があり、網羅的な分析をするのは並大抵のことではない。ここではいくつかの例から推し量ることでお許し願いたい。

国立大学については、旧稿の概要③で記した原則が、現在もほぼそのまま踏襲されているようだ。国立学校設置法は二〇〇四（平成一六）年に廃止され、現行の国立大学法人法に関係する規定はないが、かといって、大学独自の並び順をわざわざ打ち立てる必要もとくにもないためだろう。文―理と基礎―応用を組み合わせたと思わしきこの並び順を、国立大学型と呼ぶことにする。

型には手を着けないにしても、学部を新設すると、それをどこに配置するのか必ず決めなくてはならない。とくに、昨今の文理融合型や課題解決型の学部などの場合、二〇世紀中葉の学問に基づく国立大学型に収めるのは、そう容易ではない。

そのせいか、たとえば宇都宮大学の地域デザイン科学部は、学則の別表で先頭に位置しているが、高知大学の地域協働学部は最後である。学部の特色がまったく異なるとか、母体となった学部の並び順を引き継いだとかいった事情があるかも知れず、また大学院大学化が進み、学部の地位そのものが変化したことなども考慮する必要があるため、早計な判断は慎みたい。ただ、国立大学の並び順になんらかの「意味」を見出そうとしても、こうした限定的な局面でのみ、それも学部に対する大学全体の位置付けを透かし見るのが、せいぜいのところだろう。

次に私立大学を通覧してみると、意外にも国立大学型ないしそれに近いものが目に付く。

ただ、敢然と独自の並び順を貫く大学もある。

慶應義塾大学は「文経法商医……」とはじまるが、これは一九二〇年の大学令によって大学として新発足した際、通則で「文経法医」としたことに基づき、さらにこの順は、大学部が発足した一八九〇年の「文学科・理財学科・法律科」を継承している（理財学とは経済学のこと）。ただ一九五七年に増設された商学部は法と医とあいだに割り込んだが、これは本部のある三田キャンパスにできた学部であったためかと推測される。その後は、新設や合併した学部を最後尾に加え、現在は全一〇学部となっている。

早稲田大学は「政経・法・文化構想・文……」とはじまるが、これは大学令の際に「政経・法・文・理工」としたことに基づき、さらにこの順は、一八八二年の東京専門学校の開校にあたり、「政治経済学科・法律学科」を設けたところに遡る。文学部が文化構想学部と文学部に分かれても、両学部はかつての文学部の位置にそのままとどまる一方、戦後の新設学部は末尾に加え、現在は全一三学部となっている。

この二校は、ほとんど同じ原則により、ほとんど同じ軌跡をたどっている。そして帝国大学令でなく大学令を原点とし、その後は設置順と考えれば、実は②で見たかつての帝国大学と同じ型となる。国立大学型に対比して、これを帝国大学型と名付けると明快なのだが、もはやこれに準拠している旧帝国大学は東京大学しかない上に、私学の両雄をそう呼んでよいものかどうか……。ただとりあえず帝国大学型と言うなら、この型は、伝統のある私立大学の一部に今も確かに生きており、両校のほかにも例があるものと思われる。また、国立大学のなかでは浮いていた東京大学が、けっして孤立した存在でないことを示してくれる。

帝国大学型の最大の特徴は、型でありながら、実際の並び順は大学ごとに違う点にある。それは原点の学部にはじまり、その後の変遷を反映した並び順であるからであり、そこにはまさに建学から現在に至るその大学の歴史が息づいている。こうした大学においてこそ、学部の並び順は大きな「意味」を有しているはずである。ただし、繰り返しておくが、東京大学の「法医工文理」の理由は未詳であり、それに「意味」があるのかどうかも不明である。

ここまで来ると、果たして帝国大学型と国立大学型の二つ以外に、たとえば、私立大学に特有の型といったものがあるのかなども気になるところだが、まだ考察の目途が立っていない。ちょっと眺めたぐらいでは、並び方の原則を諒解しかねるものも多く、事情に通じた方からの情報提供が不可欠なためである。大学の関係者による積極的な情報発信を期待して、今回は筆を擱くことにしたい。

参考文献
田村隆・山口輝臣「学部はどう並んでいるか」(『現代思想』第四六巻一五号、二〇一八年一〇月)
田村隆・山口輝臣「法医工文理農経養育薬」(『教養学部報』第六〇六号、二〇一九年一月)

第2章　東京大学一五〇年史【一八七七年四月創立】

鈴木　淳

1　東京大学の歴史

東京大学の成立

一八六九（明治二）年に幕府の儒学教育機関昌平坂学問所、蕃書調所を起源とする開成所、種痘所を起源とする医学所を継承し、昌平学校、開成学校、医学校としていた新政府は、「大学」を発足させ、三校を大学本校・大学南校・大学東校とした。しかし、本校での国学と漢学の対立が収拾できず、一八七一年に「大学」は廃止され、文部省が置かれた。翌年に公布された「学制」の下で、東校は第一大学区医学校、南校は第一大学区第一番中学校となり、一八七三年の「学制二編追加」により、「彼ノ長技ヲ取ル」ため外国人教師が外国語で専門科目を教える「専門学校」に位置付けられると、東京医学校と（のち東京）開成学校となる。

一八七七年四月、東京開成学校と東京医学校の合併により東京大学が創設される。この年二月一九日に東京開成学校綜理加藤弘之が文部大輔田中不二麿に開成大学校への改称を伺い出たのに対し、田中は、東京開成学校、東京医学校を合わせて東京大学に改称し、東京英語学校を予備門として附属させることを太政官に伺い、四月五日に裁可された。当時は西南戦争中で、天皇や太政大臣は京都にあり、伺は岩倉具視右大臣あてで、彼と、東京に残った参議、大隈重信、大木喬任、寺島宗則による決裁である。着任早々の加藤が「大学校」への改称を申し出たのは、この前月に、一八七三年に工部省工学寮に発足していた学校が「工部大学校」と改称されたことに刺激されたのではないかと思われる。

東京開成学校には法学科、化学科、工学科、物理学科があり、これが東京大学の法学部と理学部に引き継がれたほか、新たに文学部が設けられ、史学・哲学・政治学の第一科と、和漢文学の第二科が置かれた。大学が専門学校の連合にとどまらないことを示すため和漢文学は必須であったと思われ、和漢文だけでは「固陋」に陥るので英文学、哲学、歴史を合わせて学ばせ「有用の材」を育てるとされたが（『東京大学法理文学部第六年報』）、英語教育主体の予備門からの入学者で和漢文学を希望するものは少なく、一八八二年に設けられた古典講習科が独自に入学者を募って、この分野の研究・教育者養成を補った。

当面、実質的な統合はなされず、加藤が法理文三学部綜理として神田にあって主に英語で教育していた三学部の新体制を九月の新学年開始までに整え、神田和泉町から本郷への移転を終え、ドイツ語で教育していた医学部では東京医学校校長池田謙斎が綜理となって、一二月に新学年を開始した。東京大学としての制度が整えられたのは一八八一年で、加藤が東京大学総理に、池田が同心得となり、四学部それぞれに学部長を置いた。また、従来は任免が文部省に任されていた教員は、太政官で議して天皇の裁可を受ける教官となった。

帝国大学の成立

一八八六年三月一日に制定された帝国大学令により、東京大学と工部大学校が合併して帝国大学が発足した。大日本帝国憲法公布を前にした国家体制の整備の中で、帝国大学令はこの大学に「国家の須要に応ずる学術技芸を教授し、及び其の蘊奥を攷究する」という目的を示し、教官が所属する法科・医科などの分科大学は学術技芸の理論と応用を教授し、大学院は学術技芸の蘊奥を攷究する場とした。医科大学は四年、他は三年制であった。

官僚制の整備の中で、中堅幹部であり、各省大臣が内閣総理大臣を経て奏薦し、天皇の裁可を得て任命される奏任官は、武官では陸軍士官学校や海軍兵学校の卒業者が候補生を経て任官する少尉以上とされたが、一八八七年に法科大学、文科大学卒業生は無試験で奏任文官の試補に任用され、本官に進めることになった。技術官では、大学卒業者が奏任官である技師とされ、大学や軍学校卒でないものが奏任官に進むのは長年の経験を経た後の特別な昇進に限られた。官僚制は学歴と結び付いた形で確立し、帝国大学はその中で中心的な地位を占めたのである。

工部大学校は、工部省の廃省により文部省に移管され、東京大学理学部の工学系学科を分立した工芸学部と合わせて工科大学とされた。しかし、工部大学校の学生らは、理学部で「学術の真理を考究」する東京大学と、東洋第一の設備で理学を「実業の基礎」、「企業心の原動力」として

工科大学本館（1888年頃、『東京大学百年史　通史1』）

教育し、工業者を養成する工部大学校とを合併することは、工業の発展を妨げると反対し、反対の意思を示して辞職した外国人教師もいた（菅原恒覧「文部大臣森有礼公に上るの書」『旧工部大学校史料附録』）。そこで、工科大学長には、開成学校生徒時代に文部省派遣留学生としてフランスに派遣されてエコール・サントラルで学んだため両校の工学教育とは無縁で、内務技師として新潟で信濃川の改修に取り組んでいた古市公威が、内務省土木局と兼務で招かれた。古市は、一二年間にわたって工科大学を率い、一八九〇年以降は内務省土木局長を兼ねて、技術官僚の世界とつながった工科大学を発達させた。工科大学の建設は、工部大学校出身の工科大学教授辰野金吾の設計で一八八八年に竣工し、虎ノ門の旧工部大学校からの移転が完了した。

帝国大学総長には東京府知事であった渡邉洪基が就任した。渡邉は蘭方医の家に生まれ、明治初年の大学で教官を務めたのち外務省に転じてオーストリアに三年余り在勤し、また一年弱ではあったが官営事業の払下げで再編が必至となっていた工部省で少輔(しょうゆう)を務めており、工部大学校を取り込む官僚養成機関の立ち上げに適していた。

帝国大学の発足に先立ち、一八八五年に司法省法学校の正則科が東京大学に合併され、編入された学生たちは英語をあわせて学び、法科大学を卒業した。司法省は一八七二年にフランス人教師による教育を開始していたが、この時期には条約改正をめぐって法廷で英語を用いる可能性が生じていたことが、東京大学に教育を委ねた一因と思われる。

一八九〇年には、農商務省東京農林学校が農科大学として帝国大学に編入された。一八七七年に英国人教師を招いて内務省農事修学場として生徒を募り、教師をドイツ人に切り替えつつ発展した駒場農学校と、八二年に開設されて日本人が教育した東京山林学校とが八六年に合併して成立した東京農林学校は、予科三年、本科三年の教育体制を整え、八九年には本科卒業生が無試験で専門分野に関する奏任行政官の試補に採用されることになった。官僚制との関係では帝国大学に匹敵する地位にあったと言えるが、帝国大学の評議会は納得せず、教育課程を改め、従来の学生は高等中学校が行う検定でその卒業生と同等の学力が確認された場合に限り農科大学の正規の卒業生と認めることになった。なお農科大学は一九三五年に第一高等学校と校地を交換するまで、駒場に所在した。

東京帝国大学の拡大

当初五〇〇名内外だった帝国大学の学生数は一八九三年に一〇〇〇名を、一九〇八年には四〇〇〇名を越えた。それが八〇〇〇名を越えるのは一九四二年のことであり、日清・日露戦争前後の増加率は著しく高かった。予備門から高等中学校、高等学校大学予科へと改編された帝国大学入学の予備教育機関が主要都市に開設され、その卒業生が増加したためである。帝国大学の講義は外国語でなされることも多く、洋書の読解も必要とされたため、外国語、それも二カ国語の習得が予備教育の中心であった。予備教育機関から帝国大学への入学は無試験であったが、一八九六年からは人員超過の学科で競争試験が行われることになった。不合格者は翌年優先的に入学が認められたが、法科大学では一九一〇年から翌年度の希望者と同じ条件での受験となった。一八九七年には京都帝国大学が置かれて理工科大学から学生の受け入れを始め、従来の帝国大学は東京帝国大学と改称された。

帝国大学が学校制度の中で順調に発展する一方、官僚制との関係は微妙に変化した。行政官試補は、帝国大学卒業者を採用して不足な場合に試験で採用されたが、一八九一年には不足が生じず、試験が実施されなかった。卒業生の増加でこの状態が続くことが明らかだったため、帝国大学卒業生の「特権」に対する批判が高まった。これに対して、一八九三年に文部大臣に就任した井上毅（こわし）は、帝大卒業者も予備試験を通過した一般受験者とともに文官高等試験を受験させることを求め、同年制定の文官任用令に反映された。法科大学の学生は反発し、一八九四年の卒業生は同盟して文官高等試験の受験を拒否したが、政府は対応を変えず、翌年以降は受験するようになった。その初期八年間の合格率は四三%で、帝大生の「特権」は失われたが、それが最終合格者の六三%を占めたので、官僚養成機関としての法科大学の役割は揺るがなかった。

井上文相は一八九三年、総長が文部大臣の「命を承け」るとされていたのを「監督を承け」ると改め、奏任以上の教職員の進退に関して総長が文部大臣に具状することを明確化した。また、各分科大学に教授会を設けて一定の自治を認めた。この前年に分科大学長のほか各分科大学の教授が互選する教授を総長を議長として重要事項を議する評議官としたこととともに、教授会による自治の枠組みが整った。

山川健次郎（小川一真編『東京帝国大学』1904年）

最初の教授互選で理科大学から評議官に選ばれたのは、会津藩出身でイエール大学に学んだ山川健次郎であった。彼は翌年理科大学長、一九〇一年には総長に任じられる。そして、日露戦争の講和に反対した法科大学教授戸水寛人（とみずひろんど）が久保田譲（ゆずる）文部大臣の稟申（りんしん）に基づき休職処分を受け、法科大学教授会が反発すると、処分に自らの具状が必要であることを失念して阻止できなかったことを遺憾とし、辞表を提出した。三カ月余り後に久保田文相が稟申して山川が依願免官となったことから、多数の教官が「大学の独立、学問の自由」を脅かすものだと抗議して辞意を表明し、久保田文相が辞職し、戸水が復職することで決着した。浜尾新(あらた)が総長になっていたため、山川は復帰しなかったが、浜尾の辞職後、一九一三年に山川健次郎は再び総長に任じられる。そして一九一八年、東京帝国大学が総長候補者選挙内規を制定して、教授による総長候補者選挙を行うと、現総長の山川が当選した。

その翌年、経済学部の助教授森戸辰男が紀要に掲載した「クロポトキンの社会思想の研究」が無政府主義を宣伝するものだと批判されると、山川は森戸に弁明書の提出を求めたが容れられず、経済学部教授会に臨席して森戸の休職を求める決議を得、具状した。しかし、経済・法両学部の学生はこれに納得せず、教授会や山川を批判した。森戸批判をはじめたのが法学部教授上杉慎吉の指導を受けた興国同志会の学生たちだったことが示すように、教官、学生の思想も多様で、山川の権威が絶対だったわけではない。

一九一八年に大学の多様性を認める大学令が制定されたのに対応して、翌年帝国大学令が改められ、分科大学は学部となった。東京帝国大学では経済学部を新設し、また各学部の定める資格で聴講生を置くことを認めた。これにより、一九二〇年の文学部から、女子の聴講生が許可された。また、私立の七年制高等学校が認められ、一九二五年以降は私立高等学校の卒業生も入学して、学生の多様性を増した。高等学校大学予科が高等学校本科と変わり、入学時期が九月から四月に改められたため、一九二一年以降は東京帝国大学の学年も四月開始となった。

戦争と東京帝国大学

一九三八年に総長に就任し、左右に分裂していた経済学部教授会の紛議を、双方の教授の休職を具状して解決した平賀譲(ゆずる)は海軍造船中将であった。明治の陸海軍は、外国人の招聘による教育や留学生の派遣によって西洋の学術の導入を図ったが、大学の教育体制が整備されると、委ねられる部分は大学に委ねた。

東京大学成立時に医学部綜理池田謙斎が軍医として西南戦争に従軍していたように、初期の西洋医学を学んだ人々の多くは軍務にも服した。当時から陸軍は医学部の学生に学費を支給して軍医の養成を図り、それは海軍軍医や農科大学前身校での陸軍獣医の養成に広がり、一八八四年には東京大学に海軍の造船生徒を教育するため造船学科が新設された。以後、造船教育には常に海軍造船官の兼任教授がかかわった。海軍依託学生として造船学科を卒業し海軍造船官となった平賀譲も、一三年間にわたり造船学科の教授を兼ね、海軍の現役を退いた後の一九三二年に改めて専任の教授に採用され、一九三五年には工学部長に選ばれて外部資金による施設整備などを進めていた。

海軍から学費を受ける学生は、帝国大学発足時に新設された造兵・火薬学科をはじめ、造船以外の分野でも次第に増加し、また、陸海軍は経理部の幹部を養成するため法科大学生にも給費した。このほか、軍医となった森鷗外をはじめ、卒業生が法務や教育などの分野での就職先として軍を選ぶことも多かった。

一方で、一八九九年には陸軍砲工学校高等科修了の優等者を理・工科大学に受け入れて正規の学生として修学、卒業させる制度が作られた。海軍も海軍大学校在籍の将校を選科生として学ばせた。一九〇七年以降は陸軍経理学校の修了者も法科大学で選科生として学び、のちには経済学部、農学部にも派遣された。さらに一九二四年以降、陸軍派遣学生として三年間程度、法・文・経済学部で学んだ陸軍将校が五八名いた（秦郁彦『日本陸海軍総合事典』）。

教官が陸海軍の教育に参与することも多かったが、特に文学部国史学科の平泉澄（きよし）教授は陸海軍で講演を重ねて、私塾に軍人を入門させた。門下からは特攻兵器「回天」の開発者やポツダム宣言受諾を阻止しようとした宮城事件の首謀者が出るなど、戦争遂行の精神的推進力となった。

徴兵制の下で、大学進学者を含む中学校卒業生には比較的短期の服役で戦時に召集されて下級幹部として勤務する予備役将校となる道が開かれていた。日露戦争では九名の予備役将校を含め、二八名の東京帝国大学出身者が戦死した。一方で、予備役将校への道を志願しなかった者は、看護卒、輜重輸卒（しちょうゆそつ）等の短期服役の雑卒として徴兵されることが多かったらしく、出征先である程度能力を生かした雑用に服していた例がある（吉國彦二『造船家の生活設計』一九三七年）。しかし、雑卒を引き継ぐ特務兵の徴兵は一九三九年に廃止され、徴兵制は軍務に消極的な高学歴者に便宜的に対応する余地を失った。この上で、一九四三年に在学中の徴集延期が廃止され、学徒出陣が行われた。昭和期の東京帝国大学卒業・在籍者の戦没者は確認されているだけで一六五二名に達した。在学中の徴集が延期され、軍務に服しても技術将校として内地に勤務することが多かった理・工学部に比べ文系の戦没者の比率は二倍以上に達したが、医学部はそれ以上であった。多くの貴重な人材が失われたが、医学部でも同世代の男子国民の平均戦没率には達しなかったようだ。

戦時期には、理系で軍の要望による講座の増設が進み、平賀総長は千葉に第二工学部を設置して工学部志望者を機械的に振り分けた。研究も軍からの委託によるものが増加したが、軍の側で大学に研究を委託する実務の多くは、東京帝国大学で学んだ軍人によってなされた。

新制東京大学と紛争

一九四五年八月一五日正午、総長内田祥三(よしかず)以下、教職員と残留していた学生は大講堂で玉音放送を聞いた。その直後に行われた学部長会議で、総長は直接戦争に関係しない基礎的研究を除く戦時研究の中止を指示した。一一月に連合国軍最高司令官総司令部(ＧＨＱ)は日本での航空学研究を禁じ、軍事と航空に関する学科や研究所は改編あるいは文学部の神道学、日本思想史講座と同様に廃止された。文学部の平泉教授はいち早く辞職していたが、軍籍にあるものは無条件に、その他にも戦時期の活動を理由に免官や辞職により大学を去った人々がいた。一方で、左派として大学を追われていた人々は復職した。

戦時に二年間に短縮されていた高等学校の修業年限を三年に戻したため、一九四六年度に入学すべき高等学校の新卒業者はなかったが、専門学校、師範学校、高等女学校、軍学校などの出身者を幅広く対象とする入試が行われ、初めて女子の合格者一九名を出した。全合格者は一〇二六名で二パーセント弱にあたる。

一九四七年三月に教育基本法と学校教育法が制定されて新制大学の枠組みが定まり、一〇月一日に森戸辰男文部大臣が副署した政令により「帝国」の名を外された東京大学は、新大学制実施準備委員会を設けて検討した末、一九四九年に新制大学を発足させた。新制大学は旧制と異なり一般教養教育を行う必要があったので、第一高等学校教授会が東京大学との合併を決議し、また独立の学部となることを希望したことを受けて、後期課程を持ち卒業生を送り出せる教養学部が置かれた。またGHQから旧帝国大学への要請を受けて、教育学部を独立の学部とし、官立七年制高等学校だった東京高等学校の教官の一部と上級生を教養学部に編入し、下級生と施設を附属中学校・附属高等学校とした。第二工学部は廃止して生産技術研究所を置くこととした。

一九四五年のうちに法学部長南原繁（なんばらしげる）が新たに総長に選ばれた。南原総長が一九四六年二月一日に学生向けに行った演説が、翌日の『朝日新聞』に「起て、人間性確立へ　現状に止れば民族滅亡」との見出しで要約紹介されたのをはじめ、南原総長の日本人、日本社会のあるべき姿についての論説は、学内に止まらず広く影響を与えた。法学部の丸山眞男、経済学部の有沢広巳（ありさわひろみ）を始め、世論や政策に強い影響を与えた教授も多く、敗戦直後の東京大学は、展望の見えづらい社会で、知性を担う機関としての社会的役割を果たした。

一方、使命感を持って学生運動に参加する学生も多くなった。南原総長は学内活動の秩序の維持は大学が行うとして、一九四八年のはじめての学生ストライキに対しては学生を集めて反省を促すにとどめたが、翌年以降はストライキの指導者を停学とするなど、教育の阻害や学外組織の介入を取り締まった。一方で南原総長は、東西両陣営との全面講和を唱え、吉田茂首相から「曲学阿世」と批判されて反論するなど、学問の自由を重視し、政府に阿(おもね)らない態度を取り続け、その威信の下で、学内の秩序はかろうじて維持されていた。

一九五二年二月には学生団体のポポロ劇団が上演中の教室で、観客にまぎれていた私服警察官から学生が取り上げた警察手帳により、警察官が学内で学生運動や集会、また教授の身元を調査していることが明らかになり、矢内原忠雄(やないはらただお)総長は警察に抗議する一方、警察手帳を取り戻して返還し、その内容を紹介した冊子の配布を禁止するなど、難しい舵取りを迫られた（ポポロ事件）。一九六〇年の日米新安保条約反対運動の中で、六月一五日に国会議事堂での抗議運動中の文学部生樺美智子(かんばみちこ)が犠牲になると、翌日の茅誠司(かやせいじ)総長の告辞は新安保条約

正門で樺美智子慰霊祭参加者の国会への行進を送り出す茅総長（日本史学研究室所蔵）

の単独採決により「憲法の理念とする民主主義に基づく議会主義が危機に陥いり、国会と国民とが遊離されてしまった」ゆえと学生の行動に一定の理解を示した。樺が所属した国史学科の全員が構成した実行委員会により一八日に法文経二五番教室で行われた合同慰霊祭では茅総長の弔辞があり、総長に送られて正門を出た行列には学生と共に多数の教官、職員が参加して国会南門まで行進した（東京大学職員組合『六・一五事件前後』）。赤旗を避け、淡青（たんせい）の旗の下で行われたこの活動は、彼女の死を大学全体で追悼し、政府に抗議する姿勢を示し、教授会自治と学生運動との緊張関係をはらみつつ、大学としての一体性を保とうとしたこの時代の大学を象徴していた。

一九六八年の医学部紛争に始まる東大紛争は、これとは様相を異にした。研修医制度などをめぐる医学部の学生・若手医師による運動の過程で、教官に対する病院内での集団的な追及事件が生じた。この関係学生等の処分を医学部教授会が決めた際に錯誤が生じたが、教授会は修正に応じず、評議会もそのまま認めて処分が確定したところから、六月一五日、学外者を含む闘争団体が本部のある大講堂を占拠した。これに対して大河内（おおこうち）一男総長は二日後に警察の機動隊を導入して排除した。占拠自体は、学生の多数に支持されていたわけではなかったが、尚早な警察力の導入は、学内の広範な反発を招き、紛争は全学的に拡大した。大河内総長は六月二八日に大講堂に学生を集め、処分を医学部に差し戻すなどの対応を示したが、納得が得られないまま医師の判断で退出し、医学部の処分を撤回させたうえで一一月一日に退任した。総長事務取扱となった法学部教授加藤一郎がかわって事態の収拾を図り、翌六九年一月一〇日に秩父宮ラグビー場での七学部集会で参加した学生たちとの間で確認書を取り交わしたが、全共闘系はこれに参加せずに大学の占拠を続けた。そこで一六日、警察力の出動を要請し、一八・一九日の二日間にわたり学内で攻防が繰り広げられた。大講堂封鎖解除後、大学は改めて入試の実施を求めたが、政府は許容せず、一九六九年度の新入学者はなかった。

大学院重点化と法人化

一九六九年三月、総長選挙が行われ、加藤一郎教授が第一回投票で過半数を得て当選した。四月、総長の下に企画、立案および各部局や各種委員会との連絡などにあたる教官の特別補佐二名、補佐四名からなる総長室が置かれた。大学改革をめざす委員会も作られ、諸般の改革案が提示された。それが直接的に大きな制度変革をもたらしたわけではないが、教官・学生双方が様々な形で大学の再建に取り組んで行った。総長室の制度はその後も続いて発展して全学的な統合を進め、二〇〇三年には補佐のほか副学長三名を擁し、大学のあり方を明文化する東京大学憲章を制定した。二〇〇四年に国立大学法人となると、総長室に七名の理事、理事を兼ねる五名の外二名の副学長、二名の監事、三名の副理事が置かれた。この副理事以上一四名は二〇二二年には三〇名に増加しており、総長特別参与や総長特任補佐も含めた本部の拡大は法人化後にも進展し、総合的な企画のほか、学生を対象とする全学的な事業や対外発信が積極的に行われている。

学部学生数は新制と旧制が重なった一九五一年には一万三五〇四名と現在に近かったが、新制のみとなると一万名を割り、再びこの数を上回ったのは一九七四年である。この増加に貢献したのは理・工学部であった。入学定員は一九九二年から九四年までの三五八六名が最高で、学生数は九四年の一万六三五三名が最高となった。当時の女子学生比率は一四・四%、現在は二〇・〇%である。なお、学部別に見ると、一九九四年にトップだった教育学部はさらに女子比率を上げたが、それに続いた薬・文は比率を下げ、最下位だった工は法と共に二倍以上に増えるなど概ね平準化の方向に向かっている。

大学院の制度は戦後初期には学部を越えた設置がなされたが、次第に学部単位となり、一九八三年に教養学部に基礎を置く総合文化研究科が発足したことで各学部がそれぞれの大学院を持った。一九九一年の法学部から大学院重点化が始まり、一九九七年に完了した。一九九〇年の大学院修士課程の入学定員は一三〇五、博士課程は九三五であったが、完了後の九八年には二三五一、一四二一に増加した。その後、新研究科（新領域創成科学、学際情報学府、情報理工学系）、さらには専門職大学院（法科、公共政策）の新設で二〇〇四年には三〇一六、一六一三（社会人特別選抜を除く）となり、入学者数では修士の三一四四名が教養学部への入学者の三一二八名を凌いだ。二〇二一年には正規学生数でも大学院生一万四一三八名が学部生一万四〇三三名を上回った。

一九九二年に発表された「東京大学キャンパス計画の概要」で柏キャンパスを従来の本郷、駒場と並ぶ第三の極とすることが示され、二〇〇〇年には物性研究所と宇宙線研究所の移転が完了して竣工記念式典が行われた。二〇〇六年には新領域創成科学研究科の移転も完了して、新たな研究分野を生み出しつつ、本格的に大学院学生が学ぶ場となった。

2　年史編纂事業

年史編纂の経緯と体制

東京大学の年史編纂事業は五十年史と百年史の二回行われており、今回は三回目である。五十年史は上下二巻で、制度の変遷に重点を置いて一九三二年に刊行された。その後、「未だ学術発展の過程を記録せるものなく、今にして之が編纂を成すに非ざれば先進の偉蹟或は湮滅し貴重の資料或は散逸するの虞なしとせず」として、紀元二千六百年奉祝記念事業で『東京帝国大学学術大観』五巻を一九四二年に刊行した。ここでは概ね、各研究室単位の研究の歴史が語られ、法学部は、全教授・助教授が執筆する論文集の形をとった。百年史は一九八四年から八七年にかけて、通史三巻、資料三巻、部局史四巻が刊行された。通史では制度の外学生生活や卒業生の動向などにも目配りし、各部局で編纂した部局史には、研究室ごとの研究内容にも触れた叙述が多いが、法学部は教授会の記録に基づく詳細な年代記を提示した。

百年史の編纂にあたっては、一九七四年に東京大学百年史編集委員会とともに東京大学百年史編集室が設置され、刊行終了と共に東京大学史史料室に移行して、史料の収集、整理、研究と閲覧業務などを継続した。一二〇周年にあたる一九九七年には、『東京大学の学徒動員・学徒出陣』、『東京大学歴代総長式辞告辞集』、『年譜一八七七―一九七七―一九九七』を発行している。二〇一四年には東京大学文書館に改編され、翌年には公文書管理法に基づく本学における法人文書の保存・公開機関となった。

文書館は東京大学史史料室の業務を引き継ぎ、大学史部門（現、歴史資料部門）を設けたが、年史の編纂は業務としなかった。百五十年史の編纂準備作業は、二〇一五年に私的な勉強会を発足させた佐藤慎一初代文書館長が着手し、二〇一六年の館長退任後も特任研究員として継続した。二〇一七年には総長直属の編纂準備ワーキンググループが設置され、工学部五号館に作業室を置いた。二〇一八年に入ってから、仮に人文社会系研究科で事務を担当して、特任研究員一名と謝金雇用の学生・院生により、『東京大学新聞』やその前身紙のデータベース化や歴代総長への聴き取り記録の作成などを開始した。二〇一九年には佐藤健二室長の下、百五十年史編纂室が設置された。しかし、専任で室に所属する教員は置かれず、関連各部局の教員が本来業務の傍ら室員を兼ね、関連部局に特任研究員と学術支援職員を置いて、編纂室で業務を分担する体制であった。二〇二二年度にようやく准教授（文書館所属）と特任助教（人文社会系研究科所属）を得て、五年後の刊行を目指した作業が本格化したところである。

年史編纂の展望

百五十年史の具体的内容は、未だ決定には至っていないので、以下はこれまでの議論をふまえた上での編集委員の個人的な見解である。東京大学はあまりに巨大で、近年の歴史研究の進展を踏まえて浮かぶ論点も多岐にわたる。教員の学外活動や出身者の活動まで考えると、いささか「上から」感はあるが、近現代の歴史そのものと言っても過言ではないであろう。本章の論述でも、国際化や研究所関係はじめ多くの重要な事項を省略せざるを得なかったが、全てに目配りすることは困難である。百年史のように若手の書き手を動員することもまた難しい時代になった。

一方で、百年史の時より部局独自の年史類の刊行が進み、また部局の改編も盛んなので、百五十周年に部局史に取り組む必然性が低い部局もある。また、文書館が存在しており、編纂過程で新たに収集する史料も文書館に移管して公開する原則なので、研究者にはデジタルにせよ原史料にせよ、実物を確認してもらうことにして、冊子体ではその手がかりを示せばよいであろう。デジタル時代の、冊子体での年史のありかたの一例を示すものとしたい。

そこで、通史編は全三冊として、一冊ずつは持ち運びが可能な体裁とすることが考えられている。百年史は、重厚に過ぎて大学構成員ですら通読は困難である。また社会に対して発信する役割を考えると、少なくとも大学見学の折りに買って持ち帰れる体裁であることが望ましい。現在本学では自校史教育を行っておらず、将来も未定であるが、予備知識のない新入生が買って、無理なく読み通せる程度が一つの標準となろう。

資料編は、デジタル化することが考えられている。文書館のデータベース等原史料にリンクしつつ、専門的な解読力が無くても理解できるように、必要なものには翻刻や解説のテキストをつけること、あるいは図表を作成することが必要である。デジタル時代の社史・地方史の資料編のモデルとなるようなものを目指したい。それは、全体をガイドする冊子を伴うものになる可能性も高い。

学術大観や百年史の部局史のような、学問内容に触れた叙述も是非欲しいのだが、巨大化した大学の現状では、統一的に編纂することは困難である。大学史に関する他の様々な論点も含め、可能な分野を、単独の本として読めるような形で取りまとめて「テーマ編」とすることが考えられる。その書目自体が百五十周年を迎えた大学のありかたを示すと期待するが、書き手と時間、予算の問題で、どの程度実現できるのかは見当がつかない。

年史はその時代の大学のあり方と歴史に対する考え方を反映する。世の中の流れを敏感にとらえることが重んじられ、紙の本の存在意義が問われるデジタル時代に、過去を振り返ることの大切さを伝えられる本を作ってみせることが我々の使命であろう。

そのため、聴き取りや探訪によって、史料を収集・整理し、文書館に移管して将来に伝えていくとともに、反省点を含め現在の目で見て有意義な論点を示す叙述を行いたい。いずれにせよ、歴史叙述は時代背景に影響された書き手の主観的選択によるものとなるので、無理に客観性や無謬性を装うよりは、現代の大学構成員としての立場から、別の解釈の余地を提示しながらも主張を持って論じるべきであろう。百年史は比較的若手がしっかり調べて論評せず客観的に書くという色彩が強かったが、百五十年史は、編纂室員を中心とし、他の教員や退職後の教員の力、そしてもちろん若手の力も借りながら、他人事ではなく、自分たちがしてきたこと、あるいは現在直面している課題の由来を、また先輩たちの試行錯誤をわかりやすく示すことを目指したい。それが、本学への理解を深めるだけではなく、大学に限らず、会社にしても、団体や地域にしても、自分たちの歴史を振り返る事の意義に気付いてもらう手がかりになればと思う。

参考文献

東京大学百年史編集委員会『東京大学百年史』一〇巻（東京大学、一九八四〜八七年。東京大学学術機関リポジトリで全文公開されている）

天野郁夫『帝国大学――近代日本のエリート育成装置』（中公新書、二〇一七年）

寺﨑昌男『東京大学の歴史――大学制度の先駆け』（講談社学術文庫、二〇〇七年）

木下直之・岸田省吾・大場秀章『東京大学本郷キャンパス案内』（東京大学出版会、二〇〇五年）

吉見俊哉・森本祥子編『東大という思想――群像としての近代知』（東京大学出版会、二〇二〇年）

コラム2

政治史研究と年史編纂

池田さなえ

小稿は、大学・学校の年史編纂について、これまで明治期の政治的な現象について研究を進めてきた筆者が感じたところを点描するものである。筆者は、皇室財産運営や地方の非「政治的」諸団体・個人と政治家との関係など、近代日本政治史の中ではやや変わった視点で政治的現象を眺めてきた。したがって、小稿は近代日本「政治史」研究者を代表する見解ではないことはあらかじめ断っておきたい。「政治史を研究している」と言わず「明治期の政治的な現象について研究を進めてきた」などとやや持って回った言い方をしたのはそのためである。このような限界はあるが、いやむしろそれゆえにこそ、近代日本政治史研究においてこれまであまり活用されてこなかった大学史・学校史について語る機会を与えられたのだと理解している。小稿には、近代日本政治史のメインストリームにおられる方々とも、あるいは教育史等他分野の研究者とも対話ができる共通の言葉を持ちたいという願いを込めた。小稿が大学史・学校史の多方面における活用の一助となれば、幸いである。

史資料の公開に関して

一般に明治政治史においては政治家の書簡が、大正期～昭和期の政治史においては日記が主要な史料として活用されている。こうした政治家史料は国立国会図書館憲政資料室や政治家の出身地の資料館等で保存・公開されている。これに公文書や新聞、雑誌等の史料を組み合わせることで、近代日本政治史には多くの知見がもたらされた。

しかし、こうした史料の伝える事実の中には、何らかの「政治的な現象である」ことがわかるものの、よく知られた政治家人脈だけでは理解することが難しいような事柄もある。短期間のうちに優れた業績をいくつも発表する必要に迫られている現代日本の若い政治史研究者たちは、こうした史料を読み解く労力とそれによって得られる成果やインパクトを天秤にかけ、あらかじめ設定したイシューに沿って確実な成果が得られる別の史料の方を選ぶ。しかし、政治史研究における既存のイシューを深めるのではなく、新たなイシューを生み出し政治史研究に活力を与えるのは、多くの場合こうした「難読史料」であると筆者は考える。

年月日不明、作成者不明、そもそもどういった経緯で残されたかもわからない「難読史料」。このような史料は実は非常に多く、場合によっては史料群の大半を占めることもある。整理する際には明確なカテゴライズができず、「その他・雑」というような形で最後にまとめて放り込まれる。同様のことは、大学・学校アーカイブズについても言えるだろう。筆者は大学院生時代、京都大学の大学文書館でアルバイトをした経験があるが、このような史料は大学文書の中にもかなりの程度存在していた。

山口輝臣氏は『青山学院一五〇年史』資料編の書評で、同書が「読む者を過度に規制しない」「読み方を押しつけない」「多様な解釈をし得る資料を配列」するという大学史資料集においては画期的な取り組みがなされていることを指摘した。筆者はこれに加え、従来的な読みではない新たな別の読みを提示してしまうことにならないように、大学史・学校史にはそもそも解釈も難しく、一つの物語に回収しづらい「難読史料」にこそ光を当ててほしいと思う。

とはいえ、一見してよくわからない史料だけを公開されても、使う方は困ってしまう。そこで、大学史・学校史編纂者には何らかの「羅針盤」を示してもらいたい。大型の史料収集・保存プロジェクトの成果として発表されるような、あるいは博物館などで新規受け入れ史料についてなされるような「史料紹介」のようなものがあれば、利用者にとってたいへん便利である。「史料紹介」の場合、何らかの物語に沿った配置ではなく、整理の際の分類に沿った機械的配置になることが多いが、その機械的配置こそが読みを規制しない、使える「資料編」になるのではないだろうか。

本書の各章でご覧いただけるように、現在日本の伝統大学では、もはや記念物としての「資料編」を出さなくなっているところも多い。史料を全てデジタル公開することができれば、「史料紹介」と併せて利用が進み、様々な分野で新たな論点が生み出されることとなるだろう。そしてそれは、政治史研究においても例外ではないと思う。

政治史と大学史・学校史の距離

そうは言っても、いくら史料の公開が進んでも、政治史研究者にとって大学史・学校史が心理的距離感のある存在であるという ソフト面の問題がある限り、大学史・学校史の政治史研究における利用は進まないだろう。そもそも大学史・学校史に限らず、政治史において教育の問題は、いくつかの大きな事例を除いて争点化しにくい。史料の利用という観点から見ても、政治史では大学史編纂の過程で生まれる創設者や関係者の史料集を、個人研究・伝記的研究の中で利用する程度に止まる場合が多いように思われる。

しかし、政治史と大学史・学校史との距離が即「政治と大学・学校との距離」を表しているわけではない。それにもかかわらず、政治史において大学史・学校史が大きく注目されないことで、実態としても政治の中での大学・学校の存在感が薄かったかのような認識を生み出してしまう恐れがある。

政治と大学・学校の明治以来の関係については、教育行政史の観点から優れた研究もあるが、これに止まらず浅学な筆者においてさえいくつかの論点が想起される。明治期においては、政治家によって人材が、当初は「藩閥」という形で郷党教育として再生産されようとしていたが（永添、二〇〇六）、伊藤博文の官僚養成における理念などにおいて指摘があるように、郷党に止まらない後進育成の必要が早くから認識されていたことは既に指摘されている（伊藤、二〇〇九）。それは何も伊藤に止まるところではなかっただろう。

こうした政治家における後進育成は、一つの大学・学校において完結するものではなかった。我田引水で恐縮ではあるが、筆者が注目している明治期の政治家・品川弥二郎は、有名なところでは郷里の山口高等（中）学校、独逸学協会学校の創設や維持に関与していたことがわかっているが、東京工業大学につながる東京職工学校の初代校長・正木退蔵とは松下村塾以来の付き合いであることから、同校にも何らかの深い関係があったとされている。また、京華学園の前身となる京華中学校にも関わりがあったことがわかっている。大学や学校の創設ではないが、品川弥二郎は京都に別荘・尊攘堂を所有しており、京都帝国大学の教授たちとも交遊があった。品川死後には尊攘堂は同大学に移管されている。このように、様々な形で品川が大学・学校に関与していたことがわかっている。

　政治家がこのように複数の学校の創設や運営に関わることは、単にその政治家の個人的な交友関係を示すに止まるものであるのか、あるいはそこに一貫した後進育成理念が存在するのかといった問題は、政治家理解の観点からのみならず、明治政治史を見直す意味においても重要である。事実関係の確定も含めて、政治家による学校の創設・関与についてはまだまだ深める余地があろう。

　品川の場合、筆者の現時点での感触ではあるが、関わった学校・教育者を横断して郷党教育・実業教育・女子教育を「勤王」と結び付ける一貫した教育構想があったのではないかと考えている。たとえば、品川は、福島・二本松で製糸場長を務めていた佐野理八に宛てて太宰春台『産語』（原文では「植産語」）や吉田松陰の遺訓を送り、工男工女教育の一環とするよう求めていたらしいことがうかがえる（明治二一年九月二六日付品川弥二郎宛佐野理八書簡）ほか、京阪神の実業家にも松陰の遺訓を伝え、実業家への道徳教材として吉田松陰を活用していたことがわかる（明治三三年二月六日付品川弥二郎宛近藤幸止書簡）。また、国民協会の潜在的支持者であった久保春景（はるかげ）（明治一六年から翌年にかけて兵庫県御影師範学校校長を務めた）とは松陰の「七生説」を郷党教育に活用する考えを共有し（明治二七年一二月七日付品川弥二郎宛久保春景書簡）、下田歌子へは松陰や佐久間象山（しょうざん）の女訓を送り、女子の風紀の乱れを矯正しようとしていたようでもある（品川弥二郎宛下田歌子書簡）。このような形で、複数の大学・学校に関わった政治家（政治家に限らず実業家・教育者などと言い換えてもよいかもしれない）を中心として大学史・学校史を横断する視点に豊かな可能性が広がっているように思われる。大学史・学校史にはぜひともこのような観点からのコラボレーションを実現していただきたい。

このような観点の他に、筆者が近年個人的に特に関心を寄せているのは大学の財政構造の問題、特に収入構造の問題である。大学の収入構造は政治との関係をかなり規定してくるものだと思われる。特に戦後は、国公立大学や大きな宗教法人を母体にした大学だけではなく、様々な規模の企業経営者が私立大学経営に参入する。大学の形が多様になればなるほど、それだけ多様な収入源の模索の形が見いだされよう。学納金以外に目立った財政基盤を持たない大学は、歴史とネームバリューがある一部の有力大学以外では、必然的に監督省の各種補助金に依存することになる。こうした経営の観点から大学と政治の関係を比較学校史的に見ていくことは、政治と教育の関係を通時代的に考える一つの視点になりうるだろう。大学経営史料は、特に私立大学においてはブラックボックスであることが多く、史資料公開にはいくつもの乗り越えるべきハードルがあるだろう。しかし、大学史・学校史の新たな可能性として、今後の年史編纂事業に大いに期待するところである。

参考文献

国立国会図書館憲政資料室所蔵「品川弥二郎関係文書」
尚友倶楽部品川弥二郎関係文書編纂委員会編『品川弥二郎関係文書』第三・四巻（山川出版社、一九九五・一九九八年）
伊藤之雄『伊藤博文　近代日本を創った男』（講談社、二〇〇九年）
永添祥多『長州閥の教育戦略——近代日本の進学教育の黎明——』（九州大学出版会、二〇〇六年）
山口輝臣「書評　青山学院一五〇年史編纂本部・編纂委員会／青山学院資料センター一五〇年史編纂室編『青山学院一五〇年史』資料編Ⅰ」（『日本歴史』八六四、二〇二〇年）

第3章　慶應義塾大学一五〇年史【一八五八年一〇月創立】

小川原正道

1　慶應義塾の歴史

慶應義塾の創立

一八五八（安政五）年、福沢諭吉が江戸の中津藩中屋敷内の蘭学塾で教えはじめた。これが現在、慶應義塾の創設年とされている。当初は正式な塾の名称はなく、一般的には福沢塾などと呼ばれていたようだが、創設から一〇年後、ちょうど「慶應」が「明治」と改元される年に、福沢が仮に当時の年号を取って、慶應義塾と名付けた。

この間、福沢は塾の経営に専念していたわけではなく、中津藩士から幕臣となり、幕府の外交文書の翻訳や中津藩・幕府への政策提言にも取り組み、三度にわたる洋行を経験、『西洋事情』などの書物をあらわして、日本の文明開化に尽力した。一八五九年に、横浜を見物した福沢は、オランダ語が通用せず、英語を学ぶ必要性を知って、独学でこれを学びはじめることとなる。塾も、一八六三（文久三）年頃に蘭学塾から英学塾へと生まれ変わった。

一八六八（慶應四）年は、塾に名前が付けられた、というだけではなく、幕臣として幕府の立場から日本の文明化に取り組んできた福沢が、徳川家に見切りを付け、在野にあって、学問によって文明化に寄与しようと決意した年でもある。同年閏四月一〇日付の山口良蔵宛書簡で福沢は、「天下ハ太平ならざるも、生之一身ハ太平無事なり。兼而愚論申上候通り、人ニ知識なければ固より国を治ること能はず」と述べ、国家を治めるには知識が必要であるとし、これを育てるには「学校を設けて人を教る」ほかはなく、自分は学校を開いて日夜生徒とともに勉強しており、「此塾小なりと雖トモ、開成所を除クトキ者江戸第一等なり。然ハ則日本第一等乎」と記している（慶應義塾編『福沢諭吉書簡集』第一巻、岩波書店、二〇〇一年）。

こうした学問への取り組みは幕府に対する失望の裏返しでもあり、やはり山口良蔵宛の同年六月七日付書簡で福沢は、「徳川家江御奉公いたし」てきたが、「不計も今日之形勢ニ相成」、すなわち大政奉還、王政復古という形で幕府が消滅してしまい、「最早武家奉公も沢山ニ御座候。此後ハ双刀を投棄し読書渡世の一小民と相成候積」と記して、徳川家への奉公を断念し、刀を捨てて学問に専念することを表明している（同前）。

キャンパスは当初鉄砲洲（現在の東京都中央区明石町）にあったが、三年後に新銭座（現在の東京都港区浜松町）に移り、その二年後に鉄砲洲の中津藩中屋敷に戻っていた。この一八六八年には、再び新銭座に移転し、同年、『芝新銭座慶應義塾之記』が刊行されて、カリキュラム等が整備され、家塾から近代私学へと脱皮する。慶應義塾はこの後、一八七一（明治四）年に現在の三田（東京都港区、旧島原藩中屋敷）に移り、この移転日（太陽暦に換算して四月二三日）が、開校記念日とされている。

一八七七年に西南戦争が勃発すると、士族が生徒の中心であった慶應義塾はその影響を受けて、入学者数を大きく減少させ、財政上の危機に陥った。福沢自身、塾の経営を一時はあきらめるところまで追い詰められ、政府への支援も要請するが、結局、義塾関係者が協力して、一八八〇年に「慶應義塾維持法案」が発表される。社中（仲間）が協力して寄付金を集め、危機を克服するにいたったのである。

翌年には「慶應義塾仮憲法」が制定されて、寄付者を慶應義塾維持社中と呼んで、学事や会計を報告し、その中から理事委員を選出することとなった。理事委員の互選で「社頭」が選ばれ、また委員間で協議して、教員の中から「塾長」を選出して、教員や役員の人事を、社頭と塾長に委ねることになる。社頭は福沢、塾長に選ばれたのは、浜野定四郎(さだしろう)である。一八八九年、「慶應義塾規約」が制定されて、義塾の一切の仕事を総理する役職として、「塾長」が明文化され、塾員（義塾の卒業生および社頭が特選した者）から評議員を選んで、評議員会が塾長の選出や、学事、会計、庶務などの重要事項の意思決定を担う形になった。この間の一八八五年頃から、学生が「ペンの徽章」をつけはじめている。

現在でも慶應義塾の重要な収入源は寄付金であり、その最高議決機関は評議員会で、塾を統括しているのは塾長だが、その起源がこの時代に形成されたのである。「ペンの徽章」は慶應義塾大学の紋章となっており、そこには「Calamvs Gladio Fortior」（ペンは剣よりも強し）とのラテン

慶應義塾大学部の校舎（慶應義塾福澤研究センター所蔵）

語成句が添えられている。

大学部設置から現代まで

一八九〇年に、大学の前身となる「大学部」が設立された。福沢はその前年、アメリカ人宣教師のアーサー・M・ナップに、その母校であるハーバード大学の総長、チャールズ・W・エリオット宛の親書を託し、ナップを介して、同大学からジョン・H・ウィグモア、ギャレット・ドロッパーズ、ウイリアム・S・リスカムという三名の学者を、法律科、理財科、文学科の主任教師として招聘することになる（リスカムのみブラウン大学の出身）。福沢は親書において、慶應義塾の大学部を「Japanese branch of Harvard University」のようなものにしたいと述べ、日本人学生がハーバードで学ぶ奨学金の創設など、義塾とハーバードとの提携についても、相談を持ちかけている（慶應義塾編『福沢諭吉書簡集』第六巻、岩波書店、二〇〇二年）。

福沢は、一九〇一年二月三日に死去した。老境を意識した晩年、福沢は次世代に向けたメッセージをいくつも残したが、たとえば一八九六年一一月に試みた演説では、慶應義塾を一つの学塾に止めることなく、その目的は日本国中における「気品の泉源」「智徳の模範」たらんとするところにあり、ただ口で理想を言うだけでなく、実践躬行して、「全社会の先導者」となれと語っている（慶應義塾編『福沢諭吉全集』第一五巻、岩波書店、一九七〇年）。今日、この演説の一節を福沢が書にまとめたものが、「慶應義塾の目的」として知られている。死の直前、二〇世紀を迎えた福沢は、「独立自尊迎新世紀」と揮毫（きごう）した。その戒名も、「大観院独立自尊居士」である。今日、「気品の泉源」「智徳の模範」「全社会の先導者」「独立自尊」といった精神が、義塾の建学の精神とされる所以である。

大学部を基礎として、一九二〇（大正九）年、大学令によって、旧制の慶應義塾大学が開設された。開設時の学部は、文学部、経済学部、法学部、医学部である。関東大震災での被災、さらには、太平洋戦争における空襲による被害など、幾多の苦難を経て、戦後、一九四九（昭和二四）年に新制の慶應義塾大学が開設される。当初は文学部、経済学部、法学部、工学部の四学部体制で、その後、一九五二年に医学部が加わった。以後、商学部（一九五七年増設）、さらに、総合政策と環境情報（一九九〇年増設）、看護医療（看護短期大学を二〇〇一年に改組）といった学部が増設され、二〇〇八（平成二〇）年、共立薬科大学を合併して薬学部となった。現在、歯学部増設を目指して、東京歯科大学との合併協議が続けられている。

あえて学部名を並べたのは、式典などにおける学部の並び、いわゆる建制順が、必ずしも設立年の順にはなっていないためである。慶應義塾には、三田、日吉、信濃町、矢上（やがみ）、湘南藤沢（SFC）、芝共立（しばきょうりつ）、と多くのキャンパスがあるが、このうち最も古い歴史を持つ三田にある学部が、建制順において優先される傾向がある。続いて信濃町（医）、矢上（理工）、そして新しいSFC（総合政策、環境情報、看護医療）、芝共立（薬）、といった順番となっている。大学における建制順については、興味深い考察が本書に掲載されているため（コラム1）、そちらも参照されたい。

2　年史編纂事業

慶應義塾の年史編纂事業

慶應義塾では過去、およそ二五年ごとに、年史編纂が試みられてきた。一八八三（明治一六）年に、福沢自身によって、『慶應義塾紀事』が記されたのが最初で、一九〇一年、『慶應義塾略史』がまとめられ、一九〇七年には『慶應義塾五〇年史』が刊行、一九三二（昭和七）年に『慶應義塾七五年史』が出されている。五〇年史と七〇年史は、いずれも短い期間にまとめた簡略なものであり、貴重な資料が含まれてはいるものの、本格的な大学史、あるいは学校史と呼ぶには、十分な内容を備えているとは言い難い。

これが一〇〇年史になると、一気にボリュームがアップし、一九五八年から一九六九年にかけて、『慶應義塾一〇〇年史』（全六巻）が刊行される。慶應義塾は日本の学塾として最初に創立一〇〇年を迎えるという自覚のもと、義塾の歴史をつづるだけでなく、その歩みを近代日本の歴史と関連付けながら論じる、というスタンスがとられ、編纂には実に一七年を要した。『慶應義塾一〇〇年史』は、上巻・中巻（前）・中巻（後）・下巻・別巻（大学編）・付録からなっており、上巻から下巻までが、いわゆる通史である。別巻（大学編）は、各学部の一〇〇年史編纂時点までの歴史になっている。付録がいわゆる資料編で、歴代の役員や規約、収支、授業料、卒業生、留学生の一覧や概要などをまとめた一冊だが、全体の構成としては通史が中心であった。

一〇〇年史を編むために作られた年史編纂機関が慶應義塾塾史編纂所という部署で、一九五一年に発足した。一〇〇年史刊行とともに、一九六九年に塾史資料室という組織に改組されるが、いずれも事務系の組織で、研究所ではなかった。これが一九八三年に、現在の慶應義塾福澤研究センターという大学附置の研究所に発展改組されることになる。

同センターの英語名称は「Fukuzawa Memorial Center for Modern Japanese Studies」、すなわち、福沢記念近代日本研究センターとされており、福沢諭吉・慶應義塾を中心として、広く近代日本の研究に取り組むことを趣旨とした研究所となっている。

一五〇年史資料集編纂の現状

福澤研究センターを中心として現在、『慶應義塾一五〇年史資料集』が編纂されている。同センター内で、一五〇年史をどのようなものとするのかが本格的に議論されはじめたのは、一九九三（平成五）年のことである。その後、福沢の没後一〇〇年（二〇〇一年）を迎えるにあたり、『福沢諭吉書簡集』を刊行することになり、それらにかなりのエネルギーが奪われてしまったこともあり、一五〇年史に関する実務的な議論は、事実上ストップしてしまう。

『福沢諭吉書簡集』（全九巻）刊行後の二〇〇四年に、慶應義塾一五〇年史資料集編纂委員会が発足する。同資料集の別巻として、『慶應義塾史事典』が二〇〇八年、すなわち慶應義塾創立一五〇年の年に刊行された。その二年後、同じく別巻として、『福沢諭吉事典』が出されている。以後、『慶應義塾一五〇年史資料集』が刊行されているが、最初の第一巻と第二巻については、その内容について若干、後述したい。二〇二二（令和四）年には、第三巻として『基礎資料編 諸統計資料集成』が刊行された。

『基礎資料編 諸統計資料集成』は、志願者数や入学者数、在学者数、卒業者数、また就職先一覧や出身校一覧といった統計資料をまとめたものである。続く第四巻の刊行時期は未定だが、慶應義塾がこれまで刊行してきた刊行物についての解題をまとめた『基礎資料編 慶應義塾刊行物解題』となる予定である。

この資料集は、当初、二十余年かけて別巻二巻を含む全二一巻を刊行する予定であったが、現在は本編第Ⅰ期基礎資料編第一巻から第四巻までを刊行し、あらためて後続巻を再検討することになっている。一五〇年のいわゆる「通史」は、刊行される予定がない。一〇〇年史以降の資料は、未収集・未整理のままとなってきた一方で、慶應義塾という学校法人自体の組織は著しく拡大してきた。通史を編むには十分な資料もなく、学校の規模も大き過ぎることから、かなり早い段階で、通史を編むのを断念したのである。なお、資料集は将来的に通史を編むためのデータ集という位置づけとなっている。

一五〇年史資料集編纂事業の課題

一五〇年史資料集編纂事業の課題に目を向けると、実務上の課題の第一には、慶應義塾の一五〇年史に精通した人材が不足している、という点が挙げられよう。一〇〇年史を編んだ頃には、小泉信三や高橋誠一郎、松永安左エ門（やすざえもん）といった、福沢の下で育ち、義塾の経営や研究・教育に深く関わってきた著名人が存命中であったため、歴史を編む、という営みも、ある意味でやりやすかったが、一五〇年となると、もうそうした世代はいない。学校・大学の規模は拡大しており、その研究や業務は専門化、細分化し、全体を見渡して、その歴史を詳しく知っているという人材がなかなか見当たらない、というのが、長年の課題となってきた。

　その点を克服するべく、福澤研究センターで懸案だったのが、専任教員の採用である。同センター側から慶應義塾の執行部に対し、同センターに専任教員を置きたいという要望を、長らく訴え続けてきたが、塾内でのセンターの存在感が薄いこと、「教育をしていない」といった問題点があり、容易には受け入れてもらえなかった。このため、センターではニュースレターを創刊して広報に力を入れるとともに、設置講座を開設するなどして実績を積み上げた。それが、創立一五〇年が追い風ともなって、ようやく解決を見ることになる。本章では紙幅の関係で、資料集のみに話題を限定しているが、創立一五〇年に際してはほかにも、福沢に関する大規模な展覧会を各地で開催するなど、さまざまな記念事業があったため、これらを乗り切るには、専任教員を置かないと無理だということで、二〇〇五年に一名、そして二〇〇七年にもう一名、計二名の専任教員が採用され、現在、この二名の専任所員（教授一名、准教授一名）と、学部・一貫教育校の教員からなる兼担所員、および専任職員や事務嘱託、アルバイトなどによって、センターは運営されている。

一五〇年史資料集の編纂体制としては、各巻に、二名の専任所員のうち一名が配置されてその中心となり、兼担所員複数名が分担して編集にあたっているほか、調査員という立場のスタッフ、七〜八名程度が、実務に従事している。福澤研究センターでは、大学院生以上のアルバイトや非常勤の事務嘱託を、調査員という形で雇用しており、貴重な戦力となっている。

こうした体制で編集を進めるにあたり、実際のところは、常に福澤研究センターにいて、資料にも詳しく精通している二名の専任所員に著しく業務が偏り、業務過多になってしまっている、という課題がある。創立一五〇年を挟んで、現在までこの状況は続いており、さらに二〇二〇年以降はコロナ禍による在宅勤務も加わって、スタッフの労力も不足するなど、実務上、多くの困難を抱えている。

課題の二つ目は、学校・大学史に関わる資料の大半は職員が作成している一方で、それをまとめて本にするのは教員、という乖離の問題である。義塾の場合、大学の教員がアクセスできる情報と、職員の人しかアクセスできない情報とが分けられているため、大学史・学校史を教員だけで編むのは困難なのだが、職員は日常業務で多忙を極めており、年史編纂への協力を得るのが難しい。過去の給与などの記録も職員しかアクセスできない資料の一つで、第三巻の統計資料を編纂するにあたっては、かなりの苦労があった。

こうして膨大な情報を資料集にまとめていくにあたり、第三巻に関して言えば、各種統計をとった方法に相違がある、資料自体に誤植がある、といった問題もあり、統計ごとの整合性をとり、正確な情報を抽出するのは大変な作業となった。統計をとるのも人間、それを整理するのも人間であるため、何度チェックしてもヒューマン・エラーが発生する可能性はある。こうした課題をひとつひとつ、できるだけ克服しながら、できるだけ質の高い資料集を刊行したいと模索しているところである。

大学史資料と明治初期の留学生

大学の年史編纂を、近代史研究にどう生かし得るのか。ここでは、研究者としての筆者自身の経験から、その可能性の一端を示しておきたい。

二〇二一（令和三）年に、拙著『明治日本はアメリカから何を学んだのか――米国留学生と「坂の上の雲」の時代』（文春新書）が刊行された。慶應義塾の年史編纂に関わる事項には、若干言及するに止め、幕末・明治期にアメリカに留学した日本人が、現地で何を学び、どのような人脈を形成し、その成果が、日本の外交政策や政治、行政、教育、宗教、そして日米関係にどういった影響を与えたかについて、幕末から太平洋戦争後までを視野に入れて、考察したものである。留学生の軌跡をたどるにあたっては、主に、留学先であったアメリカのハーバード大学、イエール大学、マサチューセッツ工科大学（ＭＩＴ）等の各アーカイブズが所蔵している、大学行政・学生関係資料を利用した。

アメリカの大学は一般に、学生についての情報を非常に丁寧に保存している。成績や入学、卒業関係の書類からはじまり、卒業した後の活躍や、母校や同窓会、同窓生との関係を示すさまざまな記録が残されており、同窓会のパーティーのメニューまでとってある場合もある。アメリカに留学した人たちが現地で学び、帰国して成功し、日米関係に深く関与していった経緯なども、こうしたアメリカ側の資料からうかがえるため、近代史研究にはいい材料になると実感している。『慶應義塾一五〇年史資料集』第一巻と第二巻に関しても、近代史研究上、どのように活用できるか、具体的な事例を紹介しておきたい。

第一巻である『基礎資料編 塾員塾生資料集成』には、一八六三（文久三）年から一八八三（明治一六）年までの間に、慶應義塾に在籍した学生の在籍記録と成績が収録されている。これを参照すると、入学記録のところに、身分欄がある。当時の義塾の学生の多くは士族だったが、意外と、華族という身分の学生がいることがわかる。当時の華族は大名か公家の出身者で構成されていたが、義塾に入ったのは主に前者で、さらには、藩主を務めたことのある人物が目立つ。

『慶應義塾入社帳』という慶應義塾の入学記録を確認すると、廃藩置県前後から学習院が設立される一八七七年までの間に、集中して華族が入学しており、合計六四名を数えることができる。最大の要因は、廃藩置県後に明治天皇が華族に対し、文明開化のために国民の模範として海外に留学すべきだという、留学の勅諭を出したことにある。まずは義塾に学んで英学を身に付けた上で、海外に留学しようとする華族が多かったわけである（拙稿「初期慶應義塾における旧藩主――廃藩置県後の入社をめぐって」『福沢諭吉年鑑』三〇、二〇〇三年一二月）。

実際、一八七一年一二月に入学した飯田三治（さんじ）は、「大名が従者をつれてくるのがありました。それでも通学するものは少なく、大概は入塾するのが多かった」として、「諸藩主（知事公）も、其連れてくる従者も、皆同一の服装をして居た、是が慶應義塾の特色、所謂equalityを発揮したものだ、決して粗末でも、汚れたものは着て居なかった」と回想している（飯田三治「義塾懐旧談」『三田評論』第二四三号、一九一七年一〇月）。

その一例として、福沢の旧主君であった奥平昌邁（まさゆき）という最後の中津藩主も、慶應義塾に入り、その後アメリカに留学している。これは福沢が、旧藩主が積極的に勉学に取り組んで留学するという姿勢を見せることによって、旧中津藩の人々の勉学意識を高めたい、と考えたためで、その後押しを受けて、奥平はアメリカに留学したわけである。奥平自身は帰国して間もなく、病により死去しているが、アメリカ留学中に政治思想についての理解を深め、社会主義批判の先駆的な役割を果たした（拙稿「奥平昌邁の米国留学と福沢諭吉」『法学研究』第九三巻八号、二〇二〇年八月）。

筆者はこの経緯をあきらかにするにあたり、福沢に関係する資料や、奥平が留学した学校の後身に当たるニューヨーク大学の所蔵資料などを使い、華族研究や政治思想史研究に寄与しようと試みたが、資料集第一巻は、慶應義塾に入学した学生の属性を示してくれるという点で、ほかにも様々な近代史研究上の可能性を内包していると思われる。

外国人教員と留学生

資料集の第二巻『基礎資料編 教職員・教育体制資料集成』は、一九四四（昭和一九）年までに慶應義塾で教えた教員の担当科目と講義担当期間、および履歴をまとめたものである。従来、日本人の教員についてはある程度わかっていたが、外国人の教員については、その実態がほとんど判明していなかった。それらを整理して資料集として編んだ、というのが第二巻の一つのセールス・ポイントである。

そこから何がわかるのか、一例を紹介しておきたい。先述の通り、慶應義塾はハーバード大学と縁が深い学校であり、ハーバードから教員を招聘して大学部ができ、それ以降も戦前は長く、

ハーバードから教員を招いた。第一次世界大戦当時の一九一六（大正五）年には、ハーバード出身の教員として、ジョン・ボビンドンという経済学者が義塾に着任している。ボビンドンが義塾在任中に書いた論文を参照すると、海外留学した日本人学生に期待を寄せており、実際にこの頃から、ハーバードに留学する義塾関係者が急増している。これは、ボビンドンの影響だけではなく、第一次世界大戦により、それまでドイツを中心にヨーロッパ大陸へ留学していた人々が、戦争の影響で留学先の変更を余儀なくされ、アメリカに留学先を切り替えたという背景もあった。

慶應義塾商業学校創立50周年記念式典で式辞を述べる福沢八十吉（昭和16年11月9日、慶應義塾福澤研究センター所蔵）

　その中の一人に福沢八十吉（やそきち）、という人物がいる。福沢諭吉の長男が一太郎、その長男が八十吉である。福沢が初代の慶應義塾社頭で、二代目が福沢の右腕であった小幡篤次郎（おばたとくじろう）、三代目が一太郎、四代目が八十吉であった。一太郎・八十吉の時代には、塾長が実務上の権限を掌握して義塾を経営し、社頭は福沢の嗣子として、精神的な権威のような存在として、義塾の理念などを語った。八十吉もまた義塾の式典で福沢の精神などを述べ、太平洋戦争終結後に死去、それ以降、社頭は空位のままである。この八十吉もおそらくはボビンドンの影響でハーバード大学に留学し、大学部理財科を卒業して、ハーバードでも経済学を勉強している。

慶應義塾出身者は、国内外のどこに行っても「三田会」という同窓会を作って集まるという傾向があるが、八十吉の留学当時も、ボストン三田会が開催されていた。留学から帰国後も、八十吉と留学仲間がハーバード三田会を開いて、交流している。その多くがハーバードで経済学を学んだ上で、実業界で活躍していた。

この一連の経緯は、拙稿「福沢八十吉のハーバード大学留学——ボストン三田会の開催事例から」(『福沢手帖』第一九〇号、二〇二一年九月)に基づくものである。この論文は、資料集第三巻をきっかけとしながら、福澤研究センターが所蔵している八十吉に関する資料、またハーバード大学が持っている八十吉に関する資料等を使って、構成した。慶應義塾の歴史のみならず、日米交流史や留学生史等に、若干の貢献ができたなら、と期待している。

第三巻『基礎資料編 諸統計資料集成』の内容は、先述の通りである。そのなかには、慶應義塾に入った学生の出身校の一覧や就職先の一覧なども含まれているため、それらを読み解くことで、近現代日本における階層構造や学歴社会の一端を解明することができるかもしれない。

せっかく資料集が編纂・刊行された以上、筆者自身、できるだけ自分自身の近代史研究に生かしていきたいと考えている。読者諸氏が、さまざまな角度から、多様な研究や考察の糸口を見出す資料集になってくれればと期待してやまない。大学史編纂が単なる学校の歴史叙述に止まることなく、広く日本近現代史研究に資するものとなることを確信している。

参考文献

慶應義塾史事典編集員会編『慶應義塾史事典』（慶應義塾、二〇〇八年）
会田倉吉「後記」（慶應義塾編『慶應義塾一〇〇年史』下巻、慶應義塾、一九六八年）
小室正紀「慶應義塾創立一五〇年と福澤研究センター」（『早稲田大学史記要』第四〇巻、二〇〇九年三月）
酒井明夫「慶應義塾創立一五〇年記念事業における福澤研究センター」（『明治大学史資料センター報告（大学史活動）』第三二集、二〇一〇年三月）
小泉仰・坂井達朗・小室正紀・米山光儀・岩谷十郎・平野隆「座談会 福沢研究センターの「これまで」と「これから」」（『近代日本研究』第三〇巻、二〇一四年二月）

コラム3　外交史研究と年史編纂

熊本史雄

外交史研究への利用可能性を考える

年史編纂物である大学史をひとつの資料と見立てたとき、外交史研究への利用可能性はどのように見出されるべきなのだろうか。

編纂物としての大学史への接し方は、各々が抱える研究課題や方法論、さらにはどんな資料を期待してひもとくのかによって自ずと異なってくる。たとえば、外交史像を構築するうえで何か有用な資料はないかと資料篇に当たることもあれば、外交官になるまでの思想形成や学問形成のあり方の一端に迫ろうと、設置講座（開設講義）や教授陣の記述に目を走らせる場合もあるだろう。一般的に思いつくのは、後者の利用方法ではなかろうか。

そもそも、外務省入省前の思想形成期や人格形成期として重要な青年期に、当人がどのような読書体験を積んだのか、どのように学問と向きあって人格を形成していったのかという事象は、日記でもつけていない限り判然としない。ならばと、日記からのアプローチを試みるも、若い時分から日記を書き残している外交官は、残念ながら実はそれほど多くない。

その点で、大学史は、そうした事象を探るうえで好個の資料であり、多くの可能性を秘めているといえよう。本コラムでは、ある外交官を取り上げ、外交官としての思想形成、人格形成のありようを、編纂物としての大学史からさぐってみたい。

外交官・石射猪太郎

取り上げるのは、石射猪太郎（一八八七〜一九五四／福島県生）という外交官である。一九〇八（明治四一）年に東亜同文書院商務科を卒業後、満鉄に入社、一九一三（大正二）年に高等文官試験に合格し、さらに一九一五年に外交官試験に合格して外務省に入省。広東、天津、サンフランシスコでの在勤を経て、在米国大使館三等書記官になり、後に外相（戦後に首相）となる幣原喜重郎（このとき駐米大使）の薫陶を受けた。米国在勤時、一九二一年開催のワシントン会議全権委員随員にも任じられる。一九二五年には本省通商局第三課長として移民問題に対応した。満洲事変期には中国に在勤しており、反軍的な言動により軍から指弾される。一九三六年タイ特命全権公使、帰国後、佐藤尚武、広田弘毅、宇垣一成の三人の外相のもとで東亜局長を務め、一九三七年七月に勃発した日中戦争下での対中国政策に当たった。その後は、四〇年にブラジル大使、四四年にビルマ大使に任命され、四五年の敗戦により帰国。四六年に依願免官となった。経歴を概観すると、主に中国畑を歩んできた、いわゆる中国通の外交官だとわかるだろう。

その石射は、『外交官の一生』という自伝を書き残した。「日本の外交官の回想録の中から最も面白いものを選べと言われたら、迷わず本書を挙げる」（戸部良一「解説」、『外交官の一生』中央公論新社BIBLIO二〇世紀文庫、二〇〇七年）と評される本書からは、たしかに石射の外交に対する理念や信念、さらには人格までもが明確に浮かび上がってくる。

　たとえば、盧溝橋事件勃発直後、内地からの師団動員を閣議で検討した際、動員にあっさりと与（くみ）してしまった外相の広田に対し、東亜局長だった石射が自説を唱え鋭く食い下がる場面などは、彼の対中国外交観と人となりが色濃く表れている（『外交官の一生』中公文庫、一九八六年、三〇〇～三〇一頁）。そうした側面が本書の随所にあふれているためか、一九八六年版の同書「解説」を執筆した伊藤隆も、「その素晴らしさに改めて感動した」（同右、五〇九頁）と賛辞を惜しまない。

　一般的に洗練されたイメージが強い外交官のなかで、石射のそれは正反対である。素朴で、どこか野武士的な雰囲気をまとった外交官というイメージだ。日中関係の将来を深く憂い、私心を捨てて真正面から虚心坦懐に外交課題に当たろうとする姿勢が印象的である。

　では、石射のそうした人的側面は、いったいどのような経験に根ざして出来上がったものなのだろうか。実は、東亜同文書院出身というキャリア形成のあり方が、そこに大きく関わっているのではあるまいか。東亜同文書院での学びが石射の外交官としての素地を築き、思想形成や人格形成のうえで大きな意味をもったのではないか、と考えられるのである。

東亜同文書院正門

『東亜同文書院大学史』をひもとく

東亜同文書院は、その源流を東亜同文会（会長：近衛篤麿）と、日清貿易研究所（所長：荒尾精）に求めることができる。以下に沿革を概観しておこう。

一八九九（明治三二）年、東亜同文会によって中国南京に南京同文書院が設立される。だが、義和団事件の影響により南京同文書院は上海へ移設され、一九〇一年五月、東亜同文書院大学の前身となる高等教育機関である東亜同文書院が設置された（初代院長：根津一）。一九二一（大正一〇）年に専門学校に昇格し、一九三九（昭和一四）年一二月には大学に昇格する。四五年九月、日本の敗戦に伴い学校施設を中国に接収され、同年閉学した。

東亜同文書院の教育目的は、儒学に基づく道徳教育を重視し、日中親善の実現に貢献する人材を育成することだった。現地中国の子弟に加え日本人学生にも門戸を開き、中国人学生には日本語の習得、西洋の実学を学ばせ、一方の日本人学生には中国語と英語の習得、国内外の制度律令、商工務の要を学ばせた。つまるところ、中国語や中国の政治・経済事情に通じた人材を養成するための専門学校だった。

石射は第五期生で、商務科卒（一九〇八年）である。「元来が外務省下級官僚養成所」（伊藤隆「解説」、『同右』五一一頁）との指摘があるように、東亜同文書院は、いわゆるキャリア官僚を多く排出した学校では決してない。その意味で、石射の学歴は、外交官として異色だった。だが、石射のキャリア形成は、書院生たちの見本になった。石射自身が回想するように、彼以降、東亜同文書院から外交官試験の合格者が生まれるようになったのである。

では、外交官としての素地を築いた、石射の原体験ともいえる東亜同文書院での学びは、いったいどのようなものだったのだろうか。『東亜同文書院大学史』をひもといてみよう。

ここで紹介する『東亜同文書院大学史』は、創立八〇年を記念して、大学史編纂委員会編、社団法人滬友会（同大学同窓会）を発行所として一九八二年に刊行された。ちなみに、東亜同文書院大学その後身は、現在の愛知大学である。全七七五頁に及ぶ浩瀚な書物だが、他の多くの大学史が通史篇、資料篇の二部立てで、しかもそれぞれが複数冊（巻）から構成されていることに鑑みると（たとえば『東京大学百年史』など）、コンパクトな感は否めない。

本コラムとの関わりでいえば、重要なのは「第二章　東亜同文書院」である。とりわけ、石射が在籍した、一九〇五年（八月に東京で入学式、九月に上海に着院）から〇八年（六月に卒業式）にかけての記述に注目してみよう。

建学の精神とカリキュラムと教授陣

まずは、建学の精神と教育要綱を確認しておこう。建学の精神を謳った「興学要綱」には、「中外ノ実学ヲ講ジテ、中日ノ英才ヲ教エ、一ニハ以テ中国富強ノ基ヲ樹テ、一ニハ以テ中日輯協ノ根ヲ固ム。期スル所ハ中国ヲ保全シテ、東亜久安ノ策ヲ定メ、宇内永和ノ計ヲ立ツルニ在リ」(『東亜同文書院大学史』八三頁)とある。日中提携、東亜保全の方針が看取される。

一方、教育要綱を定めた「立教要綱」の冒頭には、「徳教ヲ経ト為シ、聖経賢伝ニ拠リテ之レヲ施シ、智育ヲ緯ト為シ、特ニ中国学生ニ授クルニハ日本ノ言語文章、泰西ノ百科実用ノ学ヲ以テシ、日本学生ニハ中英ノ言語文章及ビ中外ノ制度律令、商工務ノ要ヲ以テス。期スル所ハ、各自ニ通達強立シ、国家有用ノ士、当世必需ノオト成ルニ在ル」(同右、八三〜八四頁)と明示されている。このような二つの方針を具現・実践するため、開院直後に設置された科目は、〈表〉のとおりであった。

大調査旅行

さらに注目に値するのが、「大調査旅行」である。これは、一九〇七年に外務省から中国内地旅行補助金として三万円が支給されたことを契機に開始された、東亜同文書院の代名詞的行事である。同年に第一回目の本格的な内地旅行が計画され、三年生(第五期生)を対象に実施された。すなわち、第五期生の石射は、「大調査旅行」を最初に体験した学年だった。

ただ、これには補足が必要である。内地旅行は、これ以前にも実施されていた。年史によると、一九〇一年一一月に第一期生が杭州旅行に出かけ、〇二年八月には同じく第一期生が芝罘・威海衛など山東地方に約二週間の旅行に出発している。同年一二月には第一期生が漢口へ、第二期生が蘇州・杭州へ赴き、〇三年一〇月には第一期生による北清地方の調査旅行が約三週間の日程で実施された（『東亜同文書院大学史』一〇〇頁）。

ただし、一九〇七年に第一回目として実施された「大調査旅行」は、それまでの旅行とは多くの点で様相を異にした。まず、旅行期間である。「最終学年生は夏休みを返上し、三か月、時には六か月に及」んだ（小崎昌業、一九九三年）。行き先も主要都市に限らず、中国奥地にまで拡がっていった。また実施方法もユニークだった。「調査項目と調査地域を決め、数人ずつの班に分け」（同右）るというもので、日本人として未踏の地へ出かけるコースも多かった。要は、「五期

政治科	商務科
○ 倫理	○ 倫理
○ 清語	○ 清語
○ 英語	○ 英語
○ 清国政治地理	○ 清国政治地理
○ 清国商業地理	○ 清国商業地理
○ 法学通論	○ 法学通論
憲法	○ 民法
○ 民法	○ 商法
刑法	国際法
○ 商法	経済政策
行政法	○ 経済学
国際公法	○ 財政学
国際私法	清国近代通商史
○ 経済学	○ 清国制度律令
○ 財政学	商品学
○ 清国制度律令	清国商品学
清国近時外交史	商業算術
近代政治史	商業学
漢文	簿記
○ 漢字新聞	○ 漢字新聞
○ 漢字尺牘	○ 漢字尺牘
○ 実地修学旅行	○ 実地修学旅行

表　開院当初の開設科目
註）　：○印は共通科目。
出典）：『東亜同文書院大学史』91 頁より。

生から従来の修学旅行的な旅行に代え、新たな中国調査旅行を実施することにした」（藤田佳久、一九九三年）のだった。

石射たち第五期生は、京漢（北京、漢口）・淮衛（湖南省）・浙贛湖広（浙江省、湖南省、湖北省）・閩浙粤（浙江省、福建省、武漢、広州）・粤漢（武漢、広州）・西安・山東・上海・漢口・広東および香港・営口・芝罘・北京各駐在の、計一二班を編制した（『東亜同文書院大学史』一〇二頁）。第一八期（一九二一年実施）からは調査目的が明確化し、金融、交通、水運、農業などのテーマにまで調査対象を拡げていき（藤田、二〇〇〇年）、第五期から第四〇期（一九四〇年実施）までの旅行コースは、計六六二にも及んだという（藤田、一九九三年）。

中国通・親中家としてのみならず

「大調査旅行」は、「冒険旅行」でもあった。それは、「ヘルメット帽、開襟の上衣、半ズボン、長いソックス、編上靴」（小崎、一九九三年）といった出で立ちはもとより、「初期は頼りにすべき卒業生もまだ少なく、〔中略〕学校で学んだ北京語がほとんど通用せず、各地の言葉を学びながら」、「社会治安も十分でなく各地に盗賊である土匪が出没するなかでの旅行」（以上、藤田、一九九三年）だった点からも評し得るだろう。

危険を伴う旅行だったが、学生たちのなかから一人の犠牲者も出なかったという。その理由の一つに、清朝政府、中国政府が学生たちにビザを発給し、極めて危険なコースには歩兵を同行させたこと、もう一つには、学生たちの熱意が現地の中国人たちにも理解されたことがあげられる（藤田、一九九三年）。学生たちが持参し携行していた仁丹や歯磨き粉は、中国の農民たちにも好評だったとの微笑ましいエピソードも伝わっている（同右）。

石射にとっての「大調査旅行」は、まさにこのような体験に満ちたものだった。清朝政府からの理解と援助を得て、現地の中国の人々との直接的な交流を深めた経験は、石射の中国理解や中国観が観念的ではなく実見的なレベルで形成されることを可能にしたといえよう。石射ら学生たちが中国各地で庶民と交流し、互いを知り合おうとする機会に恵まれたことは、座学では決して得られない貴重な経験だった。それは、単なる「中国通」「親中家」といった枠にとどまらないスケール感を、石射に授けることにもなったと考えられるのである。

こうした点を踏まえると、先述した、日中関係の将来を深く憂い、私心を捨てて真正面から虚心坦懐に外交課題に当たろうとする石射の姿勢は、東亜同文書院での学び、とりわけ「大調査旅行」によって形成されたと考えるのが至当だろう。『東亜同文書院大学史』は、石射の思想形成と人格形成について考える好個な資料であることを、そして外交史研究への利用可能性を私たちに教えてくれるのである。

参考文献

石射猪太郎『外交官の一生』（中公文庫、一九八六年）

小崎昌業「愛知大学の原点は東亜同文書院大学」（愛知大学東亜同文書院大学記念センター編『愛知大学と東亜同文書院大学』第一集、一九九三年）
藤田佳久「「幻」ではない東亜同文書院と東亜同文書院大学」（愛知大学東亜同文書院大学記念センター編『愛知大学と東亜同文書院大学』第一集、一九九三年）
藤田佳久『東亜同文書院中国大調査旅行の研究』（大明堂、二〇〇〇年）

第4章 立教大学一五〇年史【一八七四年二月創立】

太田久元

1 立教大学の歴史

創立者C・M・ウィリアムズと立教学校の設立

立教の創立者チャニング・ムーア・ウィリアムズ（Channing Moore Williams、一八二九～一九一〇）は、一八二九年七月一八日にヴァージニア州リッチモンドで生まれ、ヴァージニア神学校を卒業後、米国聖公会宣教師として清国での伝道活動に従事し、一八五九年六月二九日に長崎に来日した。ウィリアムズは長崎滞在中に高杉晋作、前島密（ひそか）、大隈重信らと交流しており、一九一九年五月三一日に行われた立教大学新築落成式での祝辞において大隈は「只今元田〔作之進・筆者補記〕校長は自分が本校創立者ウヰリヤムス博士の門人であつたことを談（かた）られたが、懐旧の念に堪へない。……我々は英学を学ぶのが主意であつたが、矢張りバイブルを教へられた。……我輩は基督教主義の教育を受けた先輩である」（『基督教週報』第三九巻第一五号、一九一九年六月一三日）と述べている。

一八六九年にウィリアムズは単身大阪に移住し、一八七二年には日本における米国聖公会初の教育伝道を大阪で行った。この後、ウィリアムズは東京へ進出し、東京開市場に私塾を開設して伝道事業を始めた。この開設日が一八七四年二月三日であり、今に至る立教学院の始まりの日である。しかし、立教の発祥地についてはは未だに確定できていない。一八七四年一二月頃から使用され始めた校名「立教」の由来については、今まで朱子学の『小学』立教篇から採られたものと推測されてきた。しかし、

創設者C・M・ウィリアムズ（***The Spirit of Missions***, August 1904. 立教大学図書館所蔵）

祈禱書の中の聖職者として按手することを指す「立教師」から校名が採られたのではないかとの説が提起されている。ウィリアムズは祈禱書の日本語訳を一八七五年までにほぼ完了しており、ミッション・スクールの目的である聖職者養成に符合する「立教師」が校名「立教」の由来ではないかというのである。

さて、立教学校は開設後、度重なる火災により休止と再開を繰り返した。一八八〇年にウィリアムズは私費によって築地居留地内の区画を購入し、同年一〇月に立教学校校長となったジェームズ・マクドナルド・ガーディナーの設計によって立教学校と三一神学校の建設が決定した。一八八二年五月には立教学校の英名をセント・ポール（**St. Paul's School**）と命名したことがウィリアムズによって米国聖公会に報告されている。翌年一月、新校舎で立教学校から立教大学校へ校

名を変更して開学し、一八八四年には築地居留地内に各施設群が完成することで、築地居留地内に米国聖公会の東京伝道拠点が形成されることとなった。

立教の日本化改革と文部省訓令第一二号問題

立教大学校は、キリスト教にもとづく六年制の学校で英学を中心に教養科目が設置された。一八八八年の「立教大学校規則」では、校則として「寄宿生ハ日曜日及ビ毎日ノ朝夕祈禱ニ両度トモ必ズ出席スベシ」と、寄宿生に礼拝出席を義務化し、寄宿舎での宗教教育を重視していた（『立教学院百二十五年史　資料編』第三巻、一九九九年）。こうした中、立教大学校生徒を中心に外国人による学校運営に対する反発が生まれたため、一八九〇年二月、左乙女豊秋（さおとめとよあき）を副校長格の主監に迎えた。また、アメリカのカレッジ教育を変更し、外国人教員で行う科目を英語、英文学、世界史に限り、その他の科目を日本人教員に任せ、校名も立教大学校から立教学校に戻した。「立教学校教育ノ旨趣」には「本校ハ実ニ普通教育ニ従事スルノ、一私立学校」とあり、キリスト教主義の文言がなくなった（「私立　立教学校規則」一八九一年八月、立教学院史資料

築地川を隔てて見た立教の校舎群（*The Spirit of Missions*, March 1898. 立教大学図書館所蔵）

センター所蔵)。これを立教の日本化改革と呼ぶ。

一八九四年に高等学校令が公布されると、一八九六年度から新年度九月始業から四月始業へと変更し、日本の教育制度に合わせ、立教学校を立教尋常中学校と立教専修学校に分けた。一八九八年四月に中学校令による中学校として文部省に認可されたが(一八九九年、立教中学校に改称)、ここでもキリスト教に関する科目は置かれなかった。一八九七年一一月に立教学校総理に任命されたアーサー・ロイドは、日本伝道主教ジョン・マキムから立教の日本化改革に対する改善策を求められ、正課内でのキリスト教教育を復活させるべく行動したが困難を極めた。

一八九九年八月三日、文部省は訓令第一二号を出し、官公立学校、文部省に認可された私立学校での課程内外での宗教教育、宗教儀式が禁止された。一九日、ロイドら立教関係者は連名で東京府に立教の方針が示された陳情書を提出した。立教の方針とは、①立教学校は立教中学校、立教専修学校、東京英語専修学校、寄宿舎の四部門で構成される。②立教中学校ではキリスト教教育を行わない。③キリスト教教育は、東京英語専修学校と立教専修学校と寄宿舎で行う。④教会での平日礼拝を義務化する。⑤中学校校長を寄宿舎でのキリスト教教育の責任者とするというものであった。東京府や文部省はこの方針を概ね容認可能であると回答し、九月に立教学院に名称を変更し、学院の下に各校が置かれる体制ができ上がる。寄宿舎については、キリスト教教育が行える立教専修学校寄宿舎を中学生が使用することとなった。訓令第一二号をめぐる問題で、立教は中学校認可を返上し課程内でのキリスト教教育を維持した他校とは異なる独自の対応を取ったのである。

立教大学の設立と池袋移転

一九〇三年三月、専門学校令が公布され、一九〇七年八月、専門学校令による私立立教学院立教大学の設立が認可され、中学校校長の元田作之進が大学校長を兼務した。大学は、予科（一年

1918年池袋移転時の立教大学前景（立教学院史資料センター所蔵）

半）、本科（三年）には文科と商科が置かれた。立教大学の教育内容の特徴は英語教育であった。また、神学校へ進学する学生のため、聖書、神学などの講座が置かれた。立教大学は、設立当初から「日本聖公会に属する宗教大学」を自認していた（「園の昨今」『築地の園』第九七号、一九〇七年一〇月一〇日）。ただ、築地に中学校と大学が併設されたため、校地の狭隘化が問題となり、大学の移転が構想され、一九一〇年にマキムは池袋に土地を購入した。一九一二年にチャールズ・シュライヴァー・ライフスナイダーが立教学院総理に就任すると、池袋への移転が本格化する。しかし、第一次世界大戦が勃発したこともあって、校舎の建設はたびたび中断し、当初の

完成予定は大幅に遅れた。一九一八年九月に立教大学は池袋キャンパスに移転し、翌年五月三一日に盛大な落成式が行われた。この池袋移転に際し、文部省から日本医学専門学校（現・日本医科大学）と東京医学講習所（現・東京医科大学）を買収する医科設置構想を持ちかけられたが、米国聖公会が買収資金を拠出せず、医科設置は見送られることとなった。

一九一八年一二月、大学令が公布されると、立教大学も大学昇格に向けて動いていく。大学昇格に対する問題は、基本財産の国庫への供託と、財団法人による運営という認可条件にあった。供託金については、聖公会神学院と十五銀行からの融資で賄われ、財団法人については、米英聖公会共同出資で聖公会神学院を経営していた財団法人日本聖公会教学財団を、立教大学と聖公会神学院を経営する財団法人聖公会教育財団に改組することで対処した。一九二二年五月二五日、大学令による大学として立教大学は認可される。ミッション・スクールとしては、同志社大学に次ぐ二校目であった。立教大学は、本科（三年）の文学部と商学部、予科（二年）で構成された。予科は一九二七年に三年制へと変更し、商学部は一九三一年に経済学部に改組された。

一九二三年の関東大震災では、築地の中学校など諸施設が全焼し、池袋でも校舎群に被害が生じた。中学校は築地での再建を諦め、池袋に移転し新校舎が建設された。中学校校舎が竣工するまでの間、大学本館の教室を午前は中学校が使用し、午後を大学が使用する二部制授業がとられた。そのため、「軒を貸して主家を取られた形の大学は、相も変らず不景気な新学期を迎へねばならぬ」と、大学生から不満が漏れた（「依然四十分授業の来年度の大学」『立教大学新聞』第一〇号、一九二五年一月二〇日、三面）。

一九三一年、立教大学を経営していた財団法人聖公会教育財団は、米国聖公会単独で運営する財団法人立教学院と、財団法人聖公会神学院に分離した。財団法人立教学院は「立教学院寄附行為」の第二条で「基督教主義ニヨル教育ヲ行」い、立教大学と立教中学校を経営するとされ、この条文は変更しないと明記された。

戦時下の立教大学とキリスト教主義の断念

満洲事変後、国家主義運動の潮流が立教大学内にも及んできた。一九三六年四月、チャペルで行われた天長節祝賀礼拝において、木村重治（しげはる）学長が聖壇の下で教育勅語を奉読したことを不敬であるとして、七月に一部の学生などから学長の辞任を求めるチャペル事件が起こった。これにより、木村は七月六日に学長を辞任し、立教大学は一〇月に御真影を奉戴（ほうたい）することとなった。木村の後任には東京帝国大学医学部教授であった遠山郁三が就任した。遠山が就任した背景には医学部設置構想があり、これは聖路加（せいるか）国際病院を吸収合併する計画として具体化した。一九四二年二月、文部省に医学部設置認可申請を行い、三月中には文部省から認可の内定が得られたが、病院の管轄官庁である厚生省の反対に遭い、医学部設置構想は頓挫した。

一方、戦争の長期化は日米関係を悪化させ、在日本エピスコパル宣教師社団が保有する立教学院の土地・建物を財団法人立教学院に移譲することとなった。米国聖公会は資産譲渡の条件として、中学校、大学でのキリスト教教育の維持を求めたため、一九四〇年一一月の立教学院理事会で、「衷心立教学院創立者ノ理想ヲ銘記シ基督教的精神ヲ持シテ」とする「誓詞」に理事全員が署名した。翌年七月末、ライフスナイダーはアメリカ人宣教師の離日を決定し、大学に残ったポール・ラッシュを除く全外国人が離日した。

　戦時下の立教大学では、キリスト教主義排撃運動の高揚と教育方針をめぐる対立が顕在化し、一九四二年九月初旬に起きた学生間の暴力事件を契機に、学内で皇道主義に基づく教育方針の徹底を求める動きが強まった。二九日の理事会において「立教学院寄附行為」で条文不変更が規定された第二条の「基督教主義ニヨル教育ヲ行フ」を「皇国ノ道ニヨル教育ヲ行フ」と改正した。また、同日チャペルの閉鎖も決定し、立教は開学以来のキリスト教主義教育を断念したのである。

　医学部設置構想の頓挫による遠山の学長辞任を受けて、一九四三年二月に慶應義塾大学経済学部教授三辺金蔵が大学学長事務取扱に就任した。三辺は文部省から「大学ニ理工科又ハ之ニ代ル学科新設」が急務であるとの意向が伝えられ、戦時下の理工系重視の文教政策の中で、文系学部しかなかった立教大学は存続の危機を迎え、新たに理科専門学校を設置する構想が浮上した。九月の理事会で理科専門学校設立のため、文学部の定員を犠牲にするという方針が固まり、一一月に三辺学長は教員全員を招集して文学部の閉鎖を宣言し、文学部閉鎖時に在籍していた学生の一部は慶應義塾大学文学部に委託学生として編入することとなった。こうしたなかで、一九四四年四月に立教理科専門学校が開校する。

戦後の立教大学の拡大

戦時中、立教大学は一部の校舎が軍部により接収され、チャペルの椅子や祭壇のスクリーンが構内の防空壕の資材に充てられるなど、学内は荒廃していた。一九四五年一〇月二〇日、連合国軍最高司令官総司令部（GHQ／SCAP）の民間情報局（CIS）局長E・R・ソープ准将と戦前立教大学教授を務めたポール・ラッシュ少佐が来校、校内の荒廃に激怒し、二二日に三辺金蔵大学総長と帆足秀三郎（ほあしひでさぶろう）学監（立教中学校校長兼務）を出頭させた。二四日、GHQは日本政府に対し「信教の自由侵害の件」を指令した。この中で、「無法なる信教の自由侵害、不当なる蛮的行為の一特例」として、立教学院の事例を挙げ、三辺、帆足ら教員一一名の追放と立教学院の再建を命じた。一一月七日に一一名の解職が決定したが、これが占領下における教職追放の始まりとなった。

立教学院の再建を指示された理事会は、南原繁東京帝大総長などに新たな大学総長の人選を相談し、一九四六年六月、聖公会信徒の佐々木順三都立高等学校校長が学院各校の総長、校長に就任した。ただし、学院の再建は財政問題が大きな課題となっており、米国聖公会に支援を要請したところ、一一月にライフスナイダーが理事に、ラッシュが理事会顧問にそれぞれ就任した。学院の再建は、新制小学校（一九四八年）、新制中学校（一九四七年）、新制高等学校（一九四八年）の設立による一貫教育を目指す学園拡張案となっていった。

立教大学は新制大学として総合大学化を目指し、一九四八年七月、文理学部八学科、経済学部二学科、将来計画に医学・神学・法政各学部の増設、特に医学部については文理学部理科系学科が医学部の導入教育および教養教育の機能を兼ね備える設置認可申請書をまとめ、八月、文部省に提出した。大学設置委員会による審査では、実験設備が不足していた理科系学科が問題となった。また、同時期に米国プロテスタント諸教派合同支援による国際基督教大学構想が持ち上がり、医学部の設置を同大学と連携して行いたいという米国聖公会からの意向もあり、結局医学部の設置は実現できなかった。一九四九年二月、文学部、経済学部の設置が認可され、三月、条件付で理学部の設置が認可され、四月に新制立教大学が開校した。

一九五五年六月、松下正寿（まさとし）が学院院長兼大学総長となり立教大学の拡大を進めた。松下は、社会学部、法学部の設置や、東武鉄道から資金提供を受け新座校地を購入した。さらに、米国聖公会の寄附金をもとに一九六二年に研究用原子炉が竣工、原子力研究所を開所させた（二〇〇一年に原子炉運転停止）。このように立教大学は規模を拡大していくが、学生が教育条件の悪化や学費の高騰などを問題視し、一九六九年にフランス文学科教員の人事問題を機に「立大紛争」が起こった。全学に及んだ「大学紛争」は、カリキュラム改革や入試制度改革につながっていく。

一九九〇年、新座キャンパスに校舎が完成し、一九九八年に観光学部とコミュニティ福祉学部が設置された。二〇〇六年、押見輝男総長のもとで二〇〇六年度改革と呼ばれる大規模な改革が実施され、現代心理学部、経営学部の新設など七学部二三学科体制から九学部二五学科八専修体制となった。押見総長は、「立教はリベラルアーツの教育を本分とする大学」であると述べている（「次の、立教へ。押見輝男総長に聞く」『立教』第一九六号、二〇〇六年）。さらに、二〇〇八年に異文化コミュニケーション学部の設置、二〇二三年にスポーツウェルネス学部が新設される。

2　年史編纂事業

『立教大学百年史』刊行以前の大学史

立教学院の歴史が初めて通史として著述されたのは、一九〇一年三月に当時立教中学校校長元田作之進が執筆した『立教学院歴史』である。執筆の背景には、前述の文部省訓令第一二号を機に成立した立教学院の組織整備の顕彰にあったとされる。しかし、立教学校創設時などの記述に誤りが散見された。次いで、「立教学院小史」が『築地の園』の第一〇〇号発刊（一九〇八年一月）を記念して貫民之助（ぬきたみのすけ）によって書かれた。貫民之助の父の貫元介が立教学校最初の日本人教員であったことから、「明治十五六年より以前の記事には余の聞知せる事実と相違せる所甚多きを見たり」と、『立教学院歴史』について訂正を加えたものであった。

戦時下の一九四三年一一月には『立教大学新聞』に「立教大学史　回顧する七十年　学園半世の歩み」が掲載される。これは学徒出陣に際し「過去に於ける立教大学は基督教主義学校であった。…全学生諸君は過去を振捨てて惹起せよ……何故捨てねばならぬか考へて見よう」という趣旨により著述された(『立教大学新聞』第二六号、一九四三年一一月一〇日、三面)。

戦後、一九五四年の立教学院創立八〇周年記念事業の一環として、『立教学院八十年史』を上梓することとなり、一九五三年九月に菅円吉(かんえんきち)文学部長を委員長とする編纂委員会が組織された。しかし、翌年一二月に発行された『立教学院設立沿革史』の編纂・執筆にあたったのは帆足秀三郎、貫民之助の二名のみで、校友からの口述筆記の載録もあるが準備期間の短さもあり、創立から池袋に移転するまでを略述するに止まった。この八十年史編纂事業を継続し、帆足、貫に加え、戦前に史学科教授を務めた柴田亮が編纂委員となって、一九六〇年一二月に刊行されたのが『立教学院八十五年史』である。これは、通史編と理事会記録などの要約が記載された部分とで構成された。しかし、出典が明瞭ではなく、収集した資料が散逸し、多くの誤謬が見出された点が問題として残った。

『立教学院百年史』と『立教学院百二十五年史』の編纂事業

一九六四年、海老沢有道文学部教授、矢崎健一一般教育部助教授は百年史編纂委員会の発足を学院に提案し、翌年二月、海老沢を委員長とし、立教各校の代表者で構成される立教学院百年史編纂委員会が組織された。海老沢は『八十五年史』について資料収集が不十分であり、学院関係資料も十分に利用されなかったため、まず資料収集に力を入れた。また、編纂方針では「海老沢委員長は『後世史家の批判に耐え得る校史を作る』ことを念願とされ……『立教学院記念論集』の形とし、史実・立論の出典・依拠史料を明らかにすることとなった」と編纂委員の中学校教諭伊藤俊太郎は回顧している（「『立教学院一二五年史』編纂通信1『百年史』から『一二五年史』へ」『チャペルニュース』四〇七号、一九九二年五月）。この『立教学院百年史』は一九七四年一一月に刊行された。

一九七七年、尾形典男大学総長はカリキュラム作成、人事、経済的根拠、将来構想などを明らかにするため、総長室内に大学資料室（一九八六年大学資料課と改組）を設置した。一九八八年には、『百二十五年史』刊行の前提をなす依拠資料を整備する目的で大学資料課を図書館に移管、立教大学図書館大学史資料室を設置した。翌年一二月、学院各校の教職員で組織される立教学院百二十五年史編纂準備委員会を設置し、編纂の基本方針、構成、予算などの審議、策定にあたった。一九九〇年、編纂準備委員会小委員会が設置され、基本計画の素案を作成し、資料調査を行うグループを設けた。一九九三年三月に通史一巻、資料編二巻、書簡集二巻、図録一巻の計六巻を一九九九年度までに刊行する基本計画が立教学院常務会に承認された。四月には、編纂の諸実務をとる部署として立教学院史編纂室が設置された。

一九九五年四月、立教学院百二十五年史刊行委員会と立教学院百二十五年史編纂委員会に組織が改編され、鵜川馨（うがわかおる）経済学部教授が編纂委員長となり、各校教職員が編纂委員となった。しかし、一九九五年度に刊行予定だった『資料編第一巻』（旧制編）の刊行が一九九六年七月までずれ込み、七月に編纂委員会は通史編の刊行見送りを決定した。通史編を見送った最大の理由は、今刊行しても『百年史』を超える通史を書くのは難しいと判断したためであり、資料編を全三巻とした。また、各巻に小委員会や企画委員会を置き、各巻の編集方針や構成などの編纂実務全般を担う体制を形成した。こうして、一九九九年度までに『資料編第二巻』（新制編）、『資料編第三巻』（学則・統計編）、『資料編第四巻・第五巻』（ウィリアムズ書簡集二巻）と図録一巻が刊行されることとなる。

『立教学院百五十年史』編纂事業と今後の日本近現代史研究への寄与

一九九九年七月、百二十五年史編纂委員会において「立教史」に関する資料の収集・整理・保存等を全学院で行う機関を設置する提案がなされた。学院史編纂室は、塚田理院長、一二五年史担当調査役老川慶喜経済学部教授等と相談を重ね、積極的な研究活動等も行う機関として、立教学院史資料センターの設置が塚田院長から常務会に提案された。常務会は研究・教育活動、補助金獲得上の便宜などを図るため、大学内での設置を検討するように指示し、大橋英五総長が大学部長会で提案し、基本的な合意を得た。一二月に老川教授が立教学院史資料センター長に任命され、ここに立教学院史資料センター（以下、資料センター）が発足することとなった。立教学院では、大学史資料室、各校資料室、各校図書館で関連資料の収集・整理が独自に行われており、現時点でも資料は各校資料室が所蔵している。資料センターは大学史資料室が保存・管理していた資料を引き継ぎ、各部局で管理されていた資料も適宜移管されている。

二〇〇八年一月、前田一男資料センター長は『立教学院百五十年史』の編纂計画を大学に提示した。これは、『百五十年史』の編纂事業を『百二十五年史』が準備・予算不足から見送った通史の編纂・刊行を中心に行うこととし、二〇〇八年度から立教学院一五〇周年を迎える二〇二四年度までの一七年間を編纂期間としたものであった。二〇〇八年、資料センターを中心に編纂検討小委員会を設置、編纂計画、組織構成について検討を重ね、二〇一〇年七月に松平信久院長から学院常務理事会へ立教学院一五〇年史刊行委員会と立教学院一五〇年史編纂委員会の設置が提議、承認された。編纂委員会は、各校の教職員、校友から構成され、老川教授が編纂委員長となった。この編纂委員会の下に専門委員会が置かれ、事務局を資料センターが担った。専門委員会では、『立教学院百五十年史』の編纂方針、目次構成などが検討され、編纂委員会の承認を受け、二〇二〇年度に第一巻（一八六七〜一九四五年）、二〇二二年度に第二巻（一九四五〜六七年）、二〇二四年度に第三巻（一九六七〜二〇二四年）の刊行が決定した。しかし、二〇二〇年の新型コロナウイルス感染症の蔓延により、刊行スケジュールを遅らす決定がなされ、二〇二三年二月に第一巻が刊行され、以降、第二巻、第三巻を刊行することとなった。

また、資料センターを中心に年史編纂の基幹資料の刊行や立教史の研究が進められた。米国聖公会内外伝道協会発行の伝道機関誌『スピリット・オブ・ミッションズ』、同教務院発行の後継誌『フォース』から、一八五九〜一九五九年までの立教関係記事を集成し抄訳を付けた『立教学院一五〇年史資料集　THE SPIRIT OF MISSIONS 立教関係記事集成〈抄訳付〉』全六巻や、遠山郁三学長の日誌を底本とした『遠山郁三日誌』、立教史の論文集である『ミッション・スクールと戦争――立教学院のディレンマ』などが刊行されている。

立教学院の特徴は、各校の独自性が保たれる中で学院としての一体性が緩やかな統合体として形成されてきたことにある。『立教学院百五十年史』の編纂では、『百二十五年史』の編纂事業で収集された資料や遣日宣教師と米国聖公会伝道局との往復書簡である「ジャパン・レコーズ（Japan Records）」（米国聖公会文書館（Archives of the Episcopal church）が所蔵、一九八七年にマイクロフィルムが日本聖公会に寄贈され、その後立教大学図書館に寄託）などを用い、資料センターを中心に行われた立教史研究の成果に反映された。こうした米国聖公会の対日宣教策や日本聖公会の動向に加え、近現代日本の社会変動と国際環境の転変の中で立教学院がどのような社会的・文化的役割を果たしたのか、そして、アジア・太平洋戦争期の立教の建学理念の揺らぎという「負の側面」をも照射した『立教学院百五十年史』は、日本近現代史、キリスト教史、教育史にとどまらず、米国聖公会を通じた日米関係史などの諸研究に今後寄与していくものになるであろう。

参考文献

『立教学院百年史』（立教学院、一九七四年）
立教大学立教学院史資料センター編『立教大学の歴史』（立教大学、二〇〇八年再版）
立教学院百五十年史編纂委員会編『立教学院百五十年史』第一巻（二〇二三年二月刊行予定）

奈須恵子、山田昭次、永井均、豊田雅幸、茶谷誠一編『遠山郁三日誌　一九四〇～一九四三年――戦時下ミッション・スクールの肖像』（山川出版社、二〇一三年）
老川慶喜、前田一男編『ミッション・スクールと戦争――立教学院のディレンマ』（東信堂、二〇〇八年）
大江満『宣教師ウイリアムズの伝道と生涯――幕末・明治米国聖公会の軌跡』（刀水書房、二〇〇〇年）
大江満「和名『立教』の由来についての新説」（『立教』第一八八号、二〇〇四年三月）
清水靖夫「立教学院発祥の地・考」（『立教』第一九七号、二〇〇六年六月）
友田燁夫「高橋琢也と学生達（疾風怒濤の物語）（4）（中）」（『東京医科大学雑誌』第六九巻第二号、二〇一一年四月）
永井均「校史研究の営み――『立教学院百二十五年史』の編纂経緯に関する覚書」（『立教フォーラム』第八号、立教学院、二〇〇一年）
立教学院史編纂室「『立教学院史資料センター』発足」（『立教フォーラム』第八号、立教学院、二〇〇一年）

コラム4　女子高等教育と年史編纂

差波亜紀子

女子高等教育に対する社会的懸念

明治時代の日本において、大学で学んだ女性がどのような境遇にあったかは、開拓使派遣女子留学生として一八七一（明治四）年に渡米し、著名女子大のヴァッサー大学を卒業後、一八八二年に帰国した山川捨松（一八六〇〜一九一九）の体験から推測される。捨松は日本女性初の大学卒業生として同大学の著名な卒業生の一人に数えられている（ヴァッサー大学HP "Princess Ōyama '1882"〔https://vcencyclopedia.vassar.edu/distinguished-alumni/princess-oyama/〕）。

出国前に皇后に拝謁し激励された捨松は、帰国当初、留学生仲間の一人であった津田梅子とともに留学成果を活かせる仕事につきたいと強く希望したものの叶わなかった。英仏語に堪能でも日本語の読み書きに問題があり、大学で学んだのが一般教養だったことから適当な職がなかったのである。一般の日本人男性に嫁ぐには振る舞いが西洋化され過ぎ適齢期も過ぎつつあったが、ジュネーブに留学経験がある陸軍卿大山巌伯爵の後妻に望まれたことで、鹿鳴館等で夫の社交活動を支えた他、華族女学校（学習院女子中・高等科の前身）設立準備委員あるいは津田梅子創設の女子英学塾（津田塾大学の前身）の顧問として女子教育支援に携わるなど、大きな社会的貢献を成し遂げた。捨松の親友であったアリス・ベーコンが女子英学塾のスタッフとして献身的に尽くしたことは、同校の年史で知ることができる(『津田塾六十年史』津田塾大学、一九六〇年)。

ここから当時の日本では、女性が長い時間と多額の費用を投じて大学で学んでも、得た知識を活かせる場はごく限られていたことがわかる。一般女性ならばなおさら、高学歴は報われにくかったであろう。

このような状況と共学が風紀上問題であるとの考えから、文部省は女性の本分は良妻賢母として家庭内での役割を果たすことであるとの方針を保持し、第二次世界大戦に敗北し占領下で教育改革が行われるまで女性が大学で学ぶことを原則として認めなかった。一八九九年に道・府県への設置が命じられた高等女学校は、中流以上の多くの女性にとって最後の学びの場と位置付けられたが、男性が学ぶ中学校に比べて修業年限が短く、授業時数は家事や裁縫で多く、漢文を含む国語や外国語、数学といった普通科目で少なく設定された。結果として大学の予備教育を行う高等学校が入学要件とする中学校卒業程度の学力を、高等女学校で授けるのは難しいという教育格差が形成された。

一九一三年には東北大学理科大学が、後述する女子高等師範学校や女子専門学校卒業者で中等教員検定試験合格者の受験を認め、合格者三人の入学を認めた。以来、他校も含めて大学で学ぶ女性は、聴講生や一部科目の受講生も含め断続的に存在した。しかし女性の受験は男性を対象とした通常の入試で定員が埋まらなかった場合に、初めて認められるに過ぎなかった。

女子専門学校

高等教育を望む女性にとって現実的な選択肢は、女子専門学校であった。専門学校とは、帝国大学以外の高等教育機関を規定する専門学校令（一九〇三年公布）に基づく修業年限三年以上の「高等ノ学術技芸ヲ教授スル学校」であり、このうち入学資格を修業年限四年以上の高等女学校卒業者もしくはそれと同等の学力を有する者と定めていたのが、女子専門学校であった。尋常師範学校女子部及び高等女学校女性教員の養成を目的として一八九〇年東京に、一九〇八年奈良に設立された二つの女子高等師範学校（お茶の水女子大学、奈良女子大学の前身）も、独自の官制によるものの女子専門学校の一種であった（『東京女子高等師範学校六十年史』東京女子高等師範学校、一九三四年）。

日本女子大学の創立者成瀬仁蔵

私立学校の年史編纂物は創立者の理念や支援者の顕彰を重視する傾向が強いため、女子専門学校およびその後身となる女子大学の年史からは、困難な状況下で学校創立を実現し得た経緯を詳しく知ることができる。たとえば一九〇四年二月に最初の女子専門学校として認可された日本女子大学校の場合、初代校長成瀬仁蔵（一八五八～一九一九）に関する記述に重点がある（日本女子大学校編『日本女子大学校四拾年史』一九四一年）。

長州藩の下級武士の子であった成瀬は、小学校教員をしながら国家のため何ができるか悩むうち大阪に出てキリスト教に入信、梅花女学校で信者の子女らを教えながら神のもとの平等という教えや宣教師を支える妻や娘らとの交流に触発され、儒教的男尊女卑観を改め、女子教育の重要性を認識した。一八九〇年には女子教育研究を志して渡米、アメリカ人との体格差に愕然としたこともあり、自分の天職を家庭の改革を通じて日本社会を救うことと定めて一八九四年に帰国した。

一八九六年にはアメリカにおける女子大学視察等の成果を盛り込んだ『女子教育』を出版し女子大設立の賛同者を募った。同書で示された、女性が広い視野を持ち積極的に生きる能力を高めるのに役立つ幅広い教養教育、家庭ひいては社会の改良に貢献するのに役立つ道徳や家政学および体育を中心とする教育、そして銃後の備えや夫との死別などいざという時に自活できる能力を身に付けるのに必要な専門教育、という三本立ての教育方針には、日清戦後の国力増進に役立つと賛同する者がいる一方、反対の声もあった。

望ましい教育環境を実現するには多額の費用が必要と考えた成瀬は、進歩的教育内容を残しつつ「武士風家庭の精鋭」を理想とする教育を行うと表明、大阪府知事内海忠勝（うつみただかつ）ら同郷の政官界有力者、大阪の実業家で三井家出身の広岡浅子（一八四九〜一九一九）ら梅花女学校ゆかりの財界有力者らの協力を得て多額の寄付を集めた。その結果、第一回入学者は家政・国文・英文の三学部と附属高等女学校とで五〇〇余名に達した。

国家的使命を掲げ国内有力者の支援を集めて創設された日本女子大学校に対し、前年開校した女子英学塾は津田梅子の留学体験をもとに少人数教育方針をとって当初の生徒は一〇人、創立支援は捨松ら国内の人間に加え、むしろ梅子が二度の留学を通じて知己となったアメリカの女性たちに多くを負った。このように多様な女子専門学校であったが、大学令（一九一八年公布）に基づき多くの男子専門学校が続々と大学昇格を認められたにもかかわらず、第二次世界大戦後まで昇格希望が叶わない点は共通していた。

学生についての情報

学校当局が編纂にあたる関係から、年史編纂物は教育をめぐる社会状況や学校当局に関する情報に富む一方、学生についての記述が乏しい傾向にある。これを補うには同時代の学内報や同窓会報類、また卒業生や関係者に関する内外の伝記的研究を積極的に集めた人名事典類が有益である。日本女子大学の場合、同窓会機関誌『家庭週報』が大学図書館で閲覧でき、同窓会の年史『桜楓会八十年史』（日本女子大学桜楓会、一九八四年）や『日本女子大学学園事典：創立百年の軌跡』（日本女子大学、二〇〇一年）が便利である。

学生情報のうち卒業生名簿や就職先一覧は、これから社会に出る在校生や連絡を取り合いたい同窓生にとっては重要なため、学校当局や同窓会などの手により数年おきに編纂された。年史に掲載されるのは一般的ではないが、管見の限りでは『東京高等蚕糸（さんし）学校三十年史』が一八八六年から一九一六年までの学科ごとの卒業生氏名・出身道府県名を掲載している。同校は蚕業技術者の養成を行う農商務省管下の東京蚕業講習所を前身とし、学生は当初男性のみだったが一九〇二年に製糸講習科を新設する際、製糸工女を直接指導する製糸教婦養成のため女性の受け入れを始めた。その入学要件は尋常もしくは高等小学校卒業程度の製糸業経験者であったが、一九一四年に文部省管下の高等蚕糸学校に改組された後、一九二八年には実業経験のない高等女学校卒業程度の者も加えられた。卒業生の進路をたどり教育効果を検討する際など名簿類は非常に有益だが、プライバシーへの配慮が必要なのは言うまでもない。

参考文献

橋本紀子『男女共学制の史的研究』（大月書店、一九九二年）
三好信浩『日本女子産業教育史の研究』（風間書房、二〇一二年）
湯川次義『近代日本の女性と大学教育』（不二出版、二〇〇三年）

第5章　青山学院大学一五〇年史【一八七四年一一月創立】

小林和幸

1　青山学院の歴史

青山学院は、アメリカのメソジスト監督教会から派遣された宣教師たちと、その強い意志に共鳴した先駆的日本人の協力によって設立された三つの学校を源流とする。それは、小さな女子教育からはじまった。

女子小学校

三つの学校の内、最初に開校したのは、ドーラ・E・スクーンメーカーによって、一八七四（明治七）年一一月一六日に開校した「女子小学校」であった。スクーンメーカーは、一八五一年、ニューヨーク州アルスター郡に生まれ、高等学校を卒業して一八七〇年に学校の教師となった。教師として働きながらも幼少期からの夢であった宣教師となる念願を持ち続け、メソジスト監督教会婦人外国伝道会社から、日本へ派遣されることとなる。その時わずか二三歳、一八七四年一〇月、単身で横浜に到着した。その後、メソジスト監督教会の宣教師ジュリアス・ソーパー夫妻の家に起居しながら、女学校の開校を目指した。スクーンメーカーは、ソーパーのもとでキリスト教を学んでいた津田仙(せん)に助力を求めた。佐倉藩出身の津田は、蘭学・英学を学び、学農社農学校を設立するなど教育事業にも携わっていた。津田はソーパーから受洗し、青山学院の源流の諸学校に献身的な援助を与えている。スクーンメーカーは、津田の援助を得て麻布本村町の津田邸隣に、女子小学校を開校したのであった。

スクーンメーカーは、後年回想して「女子三名男子二名と附添の婦人二名とで日本の男女のためメソヂスト監督教会の最初の学校を始めました。其は極く暗き場所に於ける誠に小さな光でありました」と述べている。この小さな光が、青山学院の始まりである。

女子小学校は、その後、移転して救世学校となり、さらに一八七七（明治一〇）年一月、築地居留地に移転し、海岸女学校と改称する。海岸女学校では、岩倉使節団と一緒に渡米した最初の女子留学生、吉益亮子(よしますりようこ)や津田梅子も英語を教えたことがあった。ここでは、本格的な英学と漢学、女子に必要とされた裁縫や編物も教え、次第に拡大していく。

耕教学舎

青山学院の源流の二つめ「耕教学舎(こうきようがくしや)」が、ジュリアス・ソーパーと津田仙らの協力によって設立されたのは、一八七八年四月であった。ソーパーは、一八四五年、メリーランド州モンゴメリー郡に生まれ、ジョージタウン大学卒業後、ドルー神学校に入学後の一八七二年一二月、神学校の同級生ジョン・C・デヴィソンとともに日本への宣教師に任命され、一八七三年、日本に派遣された。

日本へ赴くことになったソーパーは、一八七二年のクリスマス休暇で自宅に戻った際に、友人のランマン夫妻を訪ねた。チャールズ・ランマンはワシントンの日本公使館書記官等を務め、日本事情をよく知っていた。また、ランマン家は岩倉使節団に随行した女子留学生たちの寄宿先でもあった。ソーパーは、ランマンと留学中の津田梅子から、津田仙宛の紹介状を得、津田の協力を得られることになった。津田は、前述の通り、ソーパーの導きによりキリスト教信仰を得、ソーパーへ惜しみない援助を与えたのであった。耕教学舎は、ソーパー夫妻が教える英学に加え、漢学、数学も教えた。一八八一年、卒業年限を四年から五年に改め、教育内容を充実させた上で、東京大学や各種の専門学校に進学する教育を施す学校として、東京英学校と改称した。

美會神学校

三つめの源流「美會(みかい)神学校」が、一八七九年一〇月に開校した。この学校は、一八七三(明治六)年八月にメソジスト監督教会日本宣教部が設立されてから、横浜で日本語の習得を進めながら宣教に従事していたロバート・S・マクレイらが設立した。マクレイは一八二四年、ペンシルベニア州フランクリン郡に生まれ、一八四五年にディキンソン・カレッジを卒業した後、一八四八年にメソジスト監督教会中国派遣宣教師として中国に渡ったが、中国でペリー艦隊の乗組員から日本に関する話を聞き、日本宣教こそアメリカのメソジストの果たすべき義務であると確信して、来日するに至る。マクレイの主導により、ミルトン・S・ヴェイルを校長に迎え、美會神学校の開校に至った。

美會神学校では、普通科の一般的な英学・漢学の授業と、神学科の説教学や組織神学の授業があり、講義は基本的に英語で行われた。そうした普段の学課や寄宿生活に加えて、日曜日に天安堂で開かれる礼拝に出席することになっていたという。

このように青山学院の三つの源流は、日本に新しい教育をもたらそうという強い意志を持った若き教育者とアメリカの教会の資金、さらに、それを受け入れる日本人の情熱によって設立された。彼らは、より高度な教育機関の設立を視野に入れることになる。

東京英和学校への統合

マクレイは、メソジスト監督教会伝道局やジョン・F・ガウチャーと日本宣教について討議を進めた。ガウチャーは、一八四五年、ペンシルベニア州ウェインズバーグに生まれ、ディキンソン・カレッジを卒業。一八七七年、牧師を務めていた教会の会員であった資産家の娘メアリー・C・フィッシャーと結婚した。以後、世界的な宣教活動や教育事業に従事し、日本の宣教活動や教育のため、数万ドルの寄付を行った。

ガウチャーとの協議後、メソジスト監督教会日本宣教部による「東京英和大学」(Anglo-Japanese

University of Tokio）を東京に設立することが決められた。その結果、東京英学校と横浜の美會神学校は、一八八二年九月合同した上、「大学」を開校するのに相応しい広大な敷地を求め、青山の地に一八八三年移転し、東京英和学校を開校した。東京英和学校という名称は、英語名称とされた「Tokyo Anglo-Japanese College」の日本語訳として付けられた名称であったが、明治二〇年代には、日本全体が欧化主義の時代から日本主義的な傾向へと移るなかで、もう一度、改称されることとなった。

青山学院への改称

ジョン・F・ガウチャー

この改称は、「英和学校」という名称では、多様な教科を教えるにもかかわらず単に語学学校という意味でとらえられてしまい、また、この名前が外国の教育機関という印象を与え、学生の募集上不適当などという理由であった。そこで、なじみのある地名をとり、また、「学院」に高等な教育機関との意味を込めて、一八九四年、「青山学院」との名称としたのであった。その翌年、青山学院の敷地に移転していた女子小学校の系譜を引く女子系の学校（海岸女学校から東京英和女学校に改称）が、校名を青山女学院とする。

東京英和学校の神学科の学生は、入学金や授業料は一切かからず、負担は寄宿舎の食費と教科書といったもののみであった。また、青山学院となった後も、苦学生のために一八九二（明治二五）年度から「実業部」が開設され、実業（活版部などがあった）に従事させ、技術を修得させるとともに、その報酬をもって正規の学部の課業を修めさせた。こうしたことは、家庭の経済的事情で就学に苦しむ学生を助け、優秀な学生が集まることにつながった。

本多庸一

日本人初代院長本多庸一

青山の地で、草創期の学院を主導したのが、日本人として最初に院長に就任した本多庸一（ほんだよういつ）であった。本多は、一八四八（嘉永元）年津軽藩士本多八郎左衛門久元の長男として生まれた。津軽藩が幕末の動乱を迎える中で、戊辰戦争での庄内藩と津軽藩の同盟締結に尽力するなどの活躍の後、一八七〇（明治三）年藩命によって横浜に留学を命ぜられる。横浜にて米国人宣教師S・R・ブラウンの私塾に入り、ジェームス・H・バラの薫陶を受け、一八七二（明治五）年洗礼を受けた。明治七年弘前に帰り、弘前教会の設立、東奥（とうおう）義塾での教育に従事した。この頃、東奥義塾に招聘された宣教師ジョン・イングの影響で、所属教会をそれまでの長老派からメソジスト派に転じている。同時期、全国各地に自由民権運動が盛んとなるが、本多もその影響を受け、政治活動を展開した。一八八二年、青森県県会議員に当選、一八八四年から二年間は県会議長を務めた。その後、一八八六年、本多は郷里を出て、仙台のメソジスト教会の牧師となった。青森県政からの転身の背景には、妻みよの急死や県会での自派勢力の衰退などがあったといわれている。

翌一八八七年八月、マクレイ総長（校長）により青山学院の前身、東京英和学校に迎えられた。本多は青山美以教会牧師兼神学科教授となり、さらに校主を兼ねる。その翌年、米国に留学したが、一八八九（明治二二）年大日本帝国憲法が発布され、一八九〇年に帝国議会が開設されることになると、周囲からの期待に応え衆議院議員となって政界に身を置くか、宗教教師の道を選択するかの岐路に立った。本多の選択は伝道と教育の道であった。本多は帰朝後東京英和学校校長に就任、ついで青山学院院長となった。本多は政治家としての資質も多分に持ち合わせており、その資質は青山学院の危機に際して極めて有効であった。それはたとえば、宗教主義の学校が存続の危機に立ったいわゆる「文部省訓令第一二号」への対応に表れている。

文部省訓令第一二号

この訓令は、法令上の学校での宗教教育一般を禁止したものであった。これに対応して、宗教学校はいずれも宗教教育を維持するか否かの選択を迫られた。キリスト教主義学校での対応は分かれたが、青山学院は、同志社・明治学院などと共に、徴兵令の猶予を受ける特典と高等学校入学資格を断念してでも、キリスト教主義教育を維持するため、学制上の中学を廃する決断をする（中学部を中等科、同時に高等普通学部は高等科と改称）。青山学院内では外国人宣教師がキリスト教主義の維持を主張したのに対して、日本人理事の間では、存続のため中学校としての維持を主張するものもあり、紛糾したが、青山学院はこの選択をした上で、キリスト教主義を維持しながら、特典の獲得を目指し、政府への働きかけを行う。この時、本多は、粘り強い交渉を明治学院の井深梶之助（いぶかかじのすけ）、外国人宣教師らと行って、文部省の方針のなかに活路を見いだし、特典獲得という実質的な勝利に導いたのである。さらに一九〇〇（明治三三）年九月、高等科卒業生に対し、文部省より英語科中等教員無試験検定の認可があった。この認可は全国のキリスト教主義の学校では最初であった。また、一九〇三（明治三六）年三月専門学校令が発令されたが、青山学院高等科は一九〇四（明治三七）年二月に、青山女学院英文専門科は同年三月、神学部は修業年限を延長して、同じく専門学校の認可を受け、いずれも同年四月一日より専門学校として発足した。

青山学院は、日本人としての初代院長本多庸一が学院の礎を築いたことから、青山学院の特徴を考える際には、本多の事蹟が参照されることが多い。本多は、青山学院から「所謂Manを出さしめよ。Manの資質多くあるべしと雖どもSincerity, Simplicity最大切なるべし」（松島剛（こう）宛本多庸一書翰、『本多庸一伝』）と述べる。また、本多は、学生のみならず教職員に対して、本多自身の言葉によれば〝品性の陶冶〟を求めた。そのために、書籍などを通じて得られる純粋な学問研

震災前の青山学院全景（大正8年）

究とならんで、実践、実行を通じて学ばせる「生きた」教育を重視するところがあった。それは、自ら教え子と共に行った感化事業や、足尾鉱毒事件の救済に関わった青山学院の学生栗原彦三郎へ与えた言葉（本多院長は、栗原に「人間は本を読む丈が学問ではない、実地の問題に就て奔走して見るも一つの活きた学問であるからやって見ろ」と述べたという）、あるいは、櫻井成明を青山学院の教師として迎えるに際して述べたという「書籍よりも生きた学生の取扱の方が面白し」（「櫻井成明略歴」資料センター所蔵）といった言葉に表れている。

また、伝統的な日本の秩序とキリスト教の融和をめざし、国粋的な風潮にも直接的な闘争を避けて、融和的にキリスト教的価値観への理解を広めようとする姿勢と努力は一貫したものであった。このような努力は、青山学院のみならず他のキリスト教主義諸学校の発展や、日本の国際社会での安定した地位確保を願ってのことであると思われる。

高木壬太郎と学院の拡張

大正期には、高木壬太郎第四代院長の主導による大学昇格を目指す拡張事業が進められた。高木は、一八六四（元治元）年六月、遠江国榛原郡に生まれた。静岡師範学校を卒業、御殿場村立中郷学校校長を務めた後、静岡県庁に務めるかたわら、静岡教会の牧師平岩愃保に師事して感化を受け、受洗した。その後、上京して東洋英和学校神学部を卒業する。麻布教会牧師を経て、カナダ・ヴィクトリア大学へ留学、帰国後、東洋英和学校神学部教授、築地教会牧師を兼務した。一九〇四（明治三七）年麻布教会牧師となり青山学院神学部教授を兼ね、一九一三（大正二）年には青山学院第四代院長に就任したのであった。就任にあたり、高木は青山学院の「存在の理由」を、個性の尊重と「完全なる人格」への教育の実践にあると述べている。高木は、折に触れ「人格主義」の教育を語り、その理想のもと、青山学院の発展に尽くすことになる。

明治末頃から、キリスト教主義学校高等科の合同およびキリスト教主義連合大学設立の動きがあったが、合同のために必要とされた青山学院高等科の廃止には、学院内で異論が出て、青山学院は、単独の大学設置を目指す拡張案を決議するに至る。第一次拡張事業には模範的な建物の新築、実業科・人文科の新設などが盛り込まれた。これにより、一九一六（大正五）年、青山学院高等学部に人文科・英語師範科・実業科の三科を設置する。さらに、高木は資金調達に奔走し、海運業で成功した校友勝田銀次郎、三井銀行常務取締役であった米山梅吉らから多額の寄付を得て、中学部寄宿舎、高等学部校舎（一九一八年完成、勝田館）、院長館などが建設された。

また、学院を支える各界の名士を名誉評議員として迎えている。名誉評議員には、渋沢栄一、森村市左衛門、近藤廉平、阪谷芳郎、後藤新平、中島久万吉、団琢磨、島田三郎、高田早苗、新渡戸稲造、江原素六、さらに、江口定条、大隈重信、佐藤昌介、服部金太郎、目賀田種太郎も加わった。

拡張の実績をふまえ、一九二〇（大正九）年一二月一三日には、臨時理事会において高木は大学設立計画を提議し、理事会で可決されたのであった。その当時、青山学院の組織は、修業年限五年の中学部、高等学部（人文科・英語師範科・実業科）ならびに神学部であったが、このうち、神学部及び高等学部の人文科を合せて文学部とし、実業科を商学部として、二学部の総合大学設立を目指していた。その後の大学設立のための基金募集を進めようとするなか、激務の日々を送った高木は病に倒れ、大学設立計画可決の翌月（一九二一年一月）永眠する。大学設立は、次の石坂正信院長に託された。

昭和戦前期の青山学院

関東大震災と戦争

ところが、一九二三（大正一二）年九月一日の関東大震災での青山学院の被害は大きく、その復興のために大学昇格基金募集計画は変更を余儀なくされる。震災からの復興事業を行う過程で一九二七（昭和二）年に青山学院と青山女学院は合同して、経営を統合し、アメリカのメソジスト監督教会や校友らの支援を受け順次、建物も再建した。そうしたなかで、阿部義宗（よしむね）院長のもと、校友会長に就任していた青山学院の良き理解者米山梅吉の支援により、高等教育と並んで、初等教育の充実が目指され、青山学院小学財団を設立して青山学院緑岡小学校、青山学院緑岡幼稚園を開校した。女子小学校から始まった青山学院は、初等教育での人格教育も重視したのである。

しかし、軍国主義化が進む状況下で、アメリカなどの支援を受けてキリスト教主義教育を継続することは、困難を極めた。戦時下の学童疎開や他の専門学校や大学と同様に学徒出陣などの学校として痛恨の経験もあった。笹森順造（じゅんぞう）院長のもとで、再び計画された大学昇格は、理系・科学技術を重視する国策のなか、文系学部中心の青山学院では実現せず、そればかりか、小野徳三郎院長の時、閣議決定された「教育ニ関スル戦時非常措置方策」によって、専門部（文学部、高等商業学部）の閉鎖とその明治学院への合同を余儀なくされた。学院は将来の発展のため、一九四四（昭和一九）年四月、高等教育を維持する目的で青山学院工業専門学校を開校する。しかし、一九四五（昭和二〇）年五月の空襲により校舎・諸施設の大半が罹災（りさい）したのであった。

戦後の青山学院

戦前期、いくたびも訪れた試練を乗り越えた青山学院は、戦後、新憲法の下に、新学制が公布されると、本来の自由主義や国際主義を開花させ、いち早く再建を進めた。その役割を担ったのが、豊田實（みのる）院長であった。豊田は、青山学院高等学部および同神学部に学び、さらに東京帝国大学で英語・英文学を専攻し、一九二五（大正一四）年から九州帝国大学教授となった。その退官後、青山学院院長に就任する。青山学院は、戦後、あらためて一九四六年初等部、翌年、中等部、さらに一九四八年に高等部（当初は男子と女子に分かれていた）を設置した。念願であった大学は、一九四九年四月、青山学院専門学校を改編した新制大学として青山学院大学を文学部、商学部、工学部（横須賀に設置されていたが一九五〇年関東学院大学に移管された）の三学部で開設した。また、女子専門学校の伝統を受け継ぐ女子短期大学が、一九五〇年に開設されている。大学院も一九五二年の文学研究科以降順次各学部に設置され、新学部も一九五九年法学部、一九六五年廻沢（世田谷）キャンパスの地に理工学部、六六年経営学部、八二年国際政治経済学部を設置した。こうした大学学部の新設に伴い、校地を確保する必要から八二年厚木キャンパスを開設して各学部教養課程の学生を収容した。一方、新しい幼稚園が六一年に開設されて、ここに青山学院は幼稚園から大学院まで有する総合学園となったのである。

その発展を担ったのが、大木金次郎であった。大木は大学長、院長、理事長を歴任して、長期間にわたり青山学院を主導すると共に、日本私立大学連盟会長などの要職を兼ね私立大学の基盤整備にも尽力した。大木の強い指導力が青山学院を拡張させたことは間違いないが、在任中には学生運動や神学科学生募集停止などをめぐる混乱もあった。そうした経験を経て、各設置学校を含め、青山学院の運営は幅広い意見を吸収する方向へと向かった。

現在、青山学院は上記の学部に加え、二〇〇一年専門職大学院、〇八年総合文化政策学部ならびに社会情報学部、〇九年教育人間科学部、一五年地球社会共生学部、一九年コミュニティ人間科学部が設置されている。この間、厚木キャンパス・世田谷キャンパスは閉鎖され、両キャンパスは、駅から近く至便な相模原キャンパス（二〇〇三年）に移転となり、さらに一三年の大学就学キャンパス再配置により、基本的に各学部とも渋谷キャンパスか相模原キャンパスのいずれかで、四年間一貫した就学が可能となった。現在、専門教育と並んで「青山スタンダード」の教養教育の充実にも取り組んでいる。また、スポーツ振興にも力をいれており、箱根駅伝における活躍などめざましいものがある。

このように青山学院は発展し来たり、一八七四年の女子小学校開校から数えて一五〇周年を二〇二四年に迎えることになる。

2　年史編纂事業

『青山学院一五〇年史』と青山学院史研究所

これまで青山学院の年史編纂は、戦前期には『青山学院五十年史』（一九三二年刊、この五〇周年の基点は東京英学校と美會神学校の統合時とされた）があり、戦後『青山学院八十五年史』（一九五九年刊）ならびに『青山学院九十年史』（一九六五年刊）が刊行されている。青山学院校友会女子短期大学部会（青山さゆり会）が編纂した『青山女学院史』（一九七三年刊）がある。

さらに、青山学院の各設置学校の年史として、『青山学院大学五十年史』（資料篇二〇〇三年刊・通史篇二〇一〇年刊）、『青山学院女子短期大学六十五年史』（通史編二〇一六年刊・文集編二〇一六年刊・資料編二〇一八年刊）、『青山学院高等部50年』（一九九九年刊）、『青山学院中等部の50年』（一九九七年刊）、『信仰の盾にまもられて』（初等部、Ⅰ巻一九八七年刊・Ⅱ巻二〇一七年刊）などが刊行されている。また、『青山学院100年 1874-1974』（一九七五年刊）や『青山学院120年 1874-1994』（一九九六年刊）といった写真を中心にした記念誌も刊行されている。

一方、本格的な学院全体の年史編纂は、九〇年史以降、数度企画されたが公刊には至らなかったのであるが、学院創立一四〇周年を迎えた二〇一四年に、一〇年後の学院創立一五〇年に向け、『青山学院一五〇年史』編纂事業が計画された。編纂事業の開始にあたって、基本方針を策定し、年史編纂では客観的な資料に基づく実証的な歴史書とすることを目指すこととされ、編纂実務は、青山学院資料センター内の「青山学院一五〇年史編纂室」が担うことになった。その後、二〇二一年四月の青山学院史研究所発足により、編纂実務は同研究所に引き継がれた。青山学院史研究所は、青山学院の歴史を研究することにとどまらず、広く日本近現代史研究の発展に寄与することを目指して設立されたものである。

『青山学院一五〇年史』編纂にあたっては、まず資料編として、明治期から昭和戦前期の資料を所収する『青山学院一五〇年史』資料編Ⅰ（二〇一九年三月刊）、ついで終戦から二〇二一年までの資料を所収する『青山学院一五〇年史』資料編Ⅱ（二〇二一年三月刊）を刊行した。以後、二〇二四年度に向け、通史編Ⅰ・Ⅱ巻ならびに『写真に見る青山学院一五〇年』の刊行を予定している。

年史編纂の基本資料である青山学院関係資料は、法人施設の青山学院資料センターが所蔵しており、青山学院史に係る資料のみならず、明治期キリスト教関係資料、本邦メソジスト教会資料、本邦初期英語・英文学関係図書、校友からの寄贈資料などのコレクションが形成され、保存されている。こうした史料は、青山学院資料センターで公開されているほか、現在、検索システムの構築にあわせ、所蔵資料のデジタル化を逐次進めている。

日本近現代史研究への貢献

青山学院の年史編纂を通じて、日本近現代史研究にいかに貢献し得るかという点について、触れておきたい。青山学院の日本人初代院長本多庸一は、明治期のキリスト教界の指導者の一人であったが、キリスト教に基づく教育・社会事業の展開のみならず、近衛篤麿（あつまろ）や桂太郎といった明治政界とのつながりもあった。近衛との関係は、本多が押川方義（おしかわまさよし）らと行った韓国での教育事業に、桂との関係は、宗教行政や日露戦争時における欧米諸国の日本理解の促進などに、それぞれ影響を与えるものであった。青山学院が収集を進めている本多関係資料から解明し得る歴史的事実は多いものと思われる。さらに、青山学院資料センターが所蔵する「安藤太郎関係文書」からは、甲申事変後の日朝清の三国関係といった明治初年の外交や明治中後期の移民問題についての知見を得られると思われる。また、大正から昭和初期、青山学院へ経済的支援を行った勝田銀次郎や米山梅吉、間島弟彦（まじまおとひこ）らは経済人として顕著な活躍を見せているが、青山学院の歴史編纂を進めるなかで、経済史研究への貢献も可能と考えている。

また、明治・大正・昭和期を通じて、青山学院に関わりを持った米国宣教師とその関係資料にも興味深いものがある。明治・大正期、海軍大臣をつとめ、大正・昭和期に朝鮮総督、昭和期に首相となった斎藤実（まこと）の日記には、朝鮮総督時代から内大臣時代における米国宣教師との交流が記されているが、メソジスト教会の監督として青山学院と関係が深かったハーバート・ウェルチ、青山学院の神学部長を務めたアーサー・D・ベリーらの名前も見いだすことができる。日米関係の諸局面で、その影響は少なくなかったのではないかと思われる。さらに青山学院には、女子教育の伝統もある。青山学院の女子教育は、実用的な裁縫・編物などとともに外国人教師による英語教育の実践という特色があった。こうした教養を身につけた女性はどのような進路を歩んだのであろうか。女子教育に関する検討は、近代女性史研究にも貢献するものと思われる。

このように、学校史の研究は、関連する分野は極めて幅広く存在する。青山学院史研究所では、近代日本へのキリスト教文化の影響を考察し、教育史、思想史、経済史、宗教史など近現代史の発展に寄与することを念頭に発足した。今後、学内外の研究者と研究プロジェクトを展開することも視野に入れている。青山学院の年史編纂の成果が、近現代史研究に活用されるよう、今後も関係資料の紹介や研究論文の発表を継続していきたいと考えている。

参考文献

青山学院『青山学院九十年史』(一九六五年)、同『青山学院一五〇年史』資料編Ⅰ(二〇一九年)、同『青山学院一五〇年史』資料編Ⅱ(二〇二一年)
岡田哲蔵『本多庸一伝』(日独書院、一九三五年)
小林和幸『国民主義の時代——明治日本を支えた人々』(角川選書、二〇一七年)
小林和幸「解題」(『青山学院一五〇年史編纂報告Ⅰ　本多庸一関係資料目録』二〇一七年)
沼田哲他編『飯久保貞次旧蔵　安藤太郎関係文書目録』(青山学院資料センター、一九九四年)。

画像提供

青山学院資料センター

コラム5　大学史のなかの学生

湯川文彦

大学の目的——科学の精神と応用

大学とは何のために存在しているのか——この問いは、大学が創設されて以来一四〇年余りの歳月のなかで、多くの人たちによって問われ続けてきた。

辻新次（文部権大書記官）は一八七八年の東京大学卒業式演説において、卒業生は科学の意味を社会へと伝える伝道者であると述べた（『教育新誌』第四六号）。学ぶは「真似ぶ」、つまり他人の真似をすることが原義だが、科学 science は真理の探究であり、未知への挑戦である。その精神を広めることが、新たな社会の形成には必要であると辻は捉えていた。一方、森有礼（文部大臣）は一八八八年、大学教官たちに対する訓示において、大学では「日本の実際に適応する人物を養成する」ことが肝要であり、卒業生は「社会の需要」に応えられる人物でなければならないとする（『森有礼全集』第一巻）。

欧米から〝科学〟を移植した日本の大学において、卒業生の日本社会への「適応」が意識されるのは、自然の成り行きだった。もっとも、大学の目的が科学の応用に偏れば、辻のいう新たな発見という源泉が枯渇することとなる。東京大学で教鞭をとった医学教師エルウィン・ベルツは、日本人たちが今役に立つものを求める反面、役に立つものを生み出す「樹」

を育てていないと批判し、改めて科学の精神に対する理解を求めた（トク・ベルツ編、菅沼竜太郎訳『ベルツの日記』上巻）。さらに、同大法学教師のレーンホルムは一八九四年、知識詰め込み型の学習を大学でも続けることに疑問を呈し、物事の深い理解と自主研究を求めて、「ゼミナール」の導入を提唱している（國學院大學図書館所蔵「梧陰文庫」B2565「レーンホルム氏対話筆記」寺田勇吉訳）。今でも大学生が当たり前に参加している「ゼミ」のことである。

このように、文部省官員や大学教員は、科学を柱として独特の学習・研究機会を提供しようとした。そして、卒業生には日本社会への科学の精神の普及や学知の応用を求めてきた。しかし、大学は明治三〇年代以降、大企業への就職と結びつき、学歴社会の一環に組み込まれていった。そのなかで一般に期待された大学像は、かならずしも文部省官員や大学教員の期待した「学問の府」とは一致していなかった。

一九一八年、新渡戸稲造ら各大学教官は連名の意見書において次のように述べる（『資料臨時教育会議』第一集）。多くの学生は学問をすることを希望しておらず、速やかに社会に出て職業に就くこと、そこで役立つ知識・技能を大学で身につけることを求めているため、大学を教育機関に純化させ、学問は別途研究所を建ててそちらに担当させるようにしたい、と。この提案が政府によって採用されることはなかったが、学生の希望が学問ではないのではないかというこの問いかけは、大学の存在意義が根底から揺さぶられていたことを示唆している。

学問の府か、職業訓練か

大学の学びには、職業上の有用性の観点から、しばしば期待や批判の声が寄せられる。たとえば、一九五九年版の経済企画庁『国民生活白書』は「学校卒業後の就職状況」について「大学で学んだ学問や技術を職場において活用していない者が相当に多い」「学科の性格によるが文科系にいちじるしく多い」と指摘する。一九八〇年度の文部省教育白書「我が国の教育水準」は「近年、新規学卒者の採用や就職後の処遇・昇進などに際して、学歴そのものよりも就業者個人の資質能力を重要視する傾向が強まっていることがうかがえる」と指摘し、大学卒業者対象のアンケートでは「基礎的な学力、一般常識をはじめ、研究・探究能力や論理的思考力は大学での教育が役立っている」との回答が多いと伝えている。

東京帝国大学病理学講義室

もっとも、学生一人一人にとって、大学での体験のもつ意味は一様ではなく、学問の府か職業訓練かといった二項対立をもって説明しきれるものでもない。たとえば、ジャーナリスト、政治家として活躍した石橋湛山（たんざん）は「明治の学生」において自己の早稲田大学生活を回顧している（『湛山回想』）。そこでまず記憶から引き出されたのは、下宿先のこと、早稲田大学までの風景、服装、アルバイト、級友会（学生同士の会合）などである。『早稲田大学百年史』にも、学生の自主的な活動を含む学生生活の概要が掲載されているが、学生・卒業生の個人記録とかさねあわせて読むと、その実情がよくわかる。

大学教員については、「早稲田の三博士」と賞された高田早苗、天野為之（ためゆき）、坪内逍遙らの授業にふれているが、湛山自身は専攻が異なっていたこともあり、学生時代に深くかかわらなかったという。むしろ、大学卒業後に自らの専攻（哲学）以外の学問にふれる機会がいかに貴重かを実感し、横浜工業高校で教師を務めた際には、生徒たちに対して次のように説いた。専門の学問は将来でもできるが、専門以外の学問については容易にふれることができないので、「将来のため」に大学でふれておくべきだ、と。大学卒業後ジャーナリストとして社会の多様な問題を扱うようになった湛山にとって、大学が多様な学問を提供していることが後になって前向きな意味を帯びてきたことが窺える。

大学における個人的体験と人生

大学構内は学習・研究を含む生活の場であり、そこには大学ごとに独特の雰囲気がある。『帝国大学新聞』『東京大学新聞』などの学内新聞は、学生記者の取材や学生自身の寄稿によって、学内の雰囲気を伝えている。お茶の水女子大学文教育学部比較歴史学コースでは年に一冊、『お茶の水史学』という雑誌を発行しているが、そこには論文のほかに、学生たちのゼミ紹介や、先生方の教育・研究活動、コース・ゼミのイベントの模様などが掲載されている。こうした学内誌の情報は、本来在校生や卒業生にコースの今を伝えるためのものだが、学生の体験の一端を表す史料として、今後より貴重なものになると思われる。大学史編纂においては、学園祭や部活動のように、すでに校風を表すものとして特筆されているものもあり、苛烈な学生運動のように、大学記念誌に必ず記載されるものの、その位置づけが難しいものもある。ただ、こうした際立った出来事にとどまらず、学生が日常的に体験したものは多岐にわたる。

また、学生は大学構内だけでなく構外でも生活している。大学周辺は学生で賑わい、大学が存在していることによって独特の雰囲気が生まれる。たとえば明治時代、神田、本郷、芝、赤坂では「途中で遭ふものは多くは男子の学生に非ざれば女子の学生」であったといい（沢柳政太郎『時代と教育』一九〇五年）、学生の行き交う姿や活気が街の風景をつくり出していた。あるいは、青山学院大学のマネジメントコンセプト「新経営宣言がめざしたもの」（二〇一八年）では、大学の「文化機関」としての側面にふれて「青山という地を拠点とした学校ならではのファッション、デザイン、ライフスタイルなどの新しい文化の創出」に言及している（『青山学院一五〇年史』資料編Ⅱ、二〇二一年）。

さらに、大学教員についても授業内容はもちろん、その風貌や所作、会話まで多様な受け止め方が存在している。学生時代に読んだ本や雑誌の知識も、大学と結びつけて記憶し活用している。湛山のように、卒業後の社会生活のなかで学生生活の記憶が捉え直されることも珍しくない。つまり、学生・卒業生における大学の存在意義は、科学の精神や応用の問題にとどまらず、個人体験に支えられ、個人の人生にかかわるものとして語られることになる。それは避けられないし、むしろ自然な光景である。

冒頭の「大学とは何のために存在しているのか」という問いは、時の経過とともにより多くの学生・卒業生の人生と深く結びつくようになったと考えられる。まず、高度成長期以降の大学大衆化のなかで、大学生活を経験した人たちが量的に拡大し続けてきた。さらに、能力重視や個性尊重の思潮は大学に対する社会的ニーズを一層多様なものにした。近年ではコロナ禍の影響により学業のオンライン化がすすみ、対面授業再開の際には、あえて大学という場で学ぶことの効果・意義が再認識され、あるいは対面授業がオンライン授業との比較にさらされるようになった。要するに、わざわざ大学という場で学ぶことに対して、その価値が今まで以上に注目を浴びるようになったのである。

大学の年史編纂においては、大学制度・組織の変遷や大学運営の方針などが詳細に記載される。これらは大学を対象とする歴史研究において重要な基礎情報である。一方で、大学が長い歴史を背負うようになるなかで、大学経営者・教職員だけでなく、学生・卒業生もまた大学の性質を支え、あるいは規定するプレイヤーとしての存在感を高めてきている。今後の年史編纂においても学生生活が描かれる機会は増えていくのかもしれないが、そこで捉えられる学生の体験には限界がある。また、たとえ学生の体験に関わる膨大な史料を丹念に収集したとしても、無数の個人体験の山から描き出される「学生たちの大学像」は一様にはなり得ないだろう。それゆえに、そこに歴史研究が居所を得ると考えられる。大学の年史、大学所蔵史料と個人史料を活用した歴史研究の展開が期待される。

学生がその多彩な体験をもって大学史のなかに位置づけられるのは、これからである。

第6章 学習院大学・女子大学一五〇年史【一八七七年一〇月創立】

千葉 功

1 学習院大学・女子大学の歴史

学習院の創設

朝儀再興になみなみならぬ使命感を持った光格天皇の遺志を仁孝天皇が継承して、江戸幕府から学習所設立の許可をとりつけた。弘化四（一八四七）年三月、開明門院の屋敷跡に、公家を主たる対象とした教育機関として学習院が開講する。学習院伝奏に三条実万（さねつむ）が、学頭兼奉行に勘解由小路資善（かでのこうじすけよし）・東坊城聡長（ひがしぼうじょうときなが）が就任した。学習院の教育理念は、「聖人の至道」（儒学の説く修養の実践）と「皇国の懿風（いふう）」（日本の麗しい伝統）であった。

尊攘派の激化を受けて、文久二（一八六二）年一二月に、朝廷は国事掛を学習院に設置する。その結果、諸国の志士が学習院に集まり、文久三年の賀茂神社・石清水八幡宮への攘夷祈願の行幸についても学習院内で密議がこらされた。しかし、同年八月の宮中政変（八・一八の政変）により尊攘派が京都から一掃されると、学習院はふたたび純然たる教育機関にもどる。以後、朝廷・公家の政治上の責務が増大するのに比例して、学習院の教育体制は拡充していった。

神田錦町の学習院正門と校舎

明治になって、紆余曲折のうえ「京都大学校」となっていた学習院は、東京の大学本校閉鎖のあおりを受けて閉鎖、京都府に移管された。

明治四（一八七二）年一〇月、在京華族一同に、海外留学を奨励し女子教育の必要性を説く勅諭が出されると、華族のなかから自己の存在を自覚する動きが始まる。「麝香間祗候会議」と「通款社」が合同して華族のための学習教育機関を創設することが決議され、一八七四年六月に華族会館創立総会が開催される。華族会館は華族の共同出資により運営され、会議局・書籍局・講義局・勉学局・翻訳局・雑務局から構成されていた。

一八七六年一月、華族会館新年会で華族学校の設立が提起された。華族の出資金と下賜金により、神田錦町に校舎が建設された。一八七七年一〇月、開業式が挙行される。明治天皇の勅諭により校名は京都時代をふまえて「学習院」と命名された。学則では「学習院ハ専ラ同族〔華族〕子女ヲ教養スルノ所トス」とされたが、開院後は華族以外の子弟の入学も認められた。男子小学・女子小学・中学から構成されたが、実際には女子の人数は男子の三分の一にも満たなかった。

徴兵令の改正によって徴兵猶予の特典が官公立学校在学者に限定されると、華族のなかから官立移管の請願運動が生じた。その結果、一八八四年四月に学習院は華族会館が経営する私立学校から、宮内省所管の官立学校へと変更になった。翌一八八五年の華族就学規則施行によって、学齢期の華族男子子弟は学習院入学が義務づけられる。

華族女学校行啓。台上にいるのが皇后宮、その前で式辞を読むのが校長の谷干城。皇后のすぐ右奥が下田歌子。

華族女学校の創設と学習院の展開

教育令（一八七九年）が原則として男女共学を禁じ、また学習院の官立への移管もあって、華族の女子子弟のための官立学校が別途設置されることとなった。四谷尾張町（現迎賓館前）に校舎が建設され、一八八五年九月、「華族女学校」が創立した。校長は谷干城（たにかんじょう［たてき］）（学習院長）が兼務し、幹事兼教授には下田歌子が就任した。ここに華族の女子に対する本格的な教育が開始する。

一八八九年には、生徒増に対応するた

め華族女学校が永田町校地（現参議院議長公邸）に移転するとともに、「華族女学校規則」が制定された。規則では華族女学校の教育目的は「彝倫」を本とした。小学科（初等＋高等）・中学科（初等＋高等）・専修科・別科から構成される。科目として「体操」が設置されたのは興味深い。のち一八九四年には華族女学校に幼稚園が付置されることになる。

さて、学習院の神田錦町の校舎が一八八六年二月に焼失すると、隣接の東京大学予備門（四月に「第一高等中学校」と改称）などの教場を借用して授業を行った。同年、文部大臣の森有礼が学校体系の基本型となる諸規則を制定したのにあわせて、改正学習院規則が施行された。予備科・尋常中学科・高等中学科・本科・撰科のほかに、陸軍予備中学科・海軍予備中学科が設置されることになった。

大鳥圭介院長がもと工部大学校長ということもあって、学習院は虎ノ門の旧工部大学校へ移転したが、同校地は教育上不便で、かつ営繕に多額の出費がかかった。そのため、旧華族女学校の敷地・校舎を下付してもらって、一八九〇年に四谷尾張町・仲町へ再移転した。

当時の三浦梧楼院長は、学習院は華族の地位本分に適当な教育体系をとるべきだとの考えであった。一八九〇年七月、新たに「学習院学則」を制定、「学習院ハ専ラ天皇陛下ノ聖旨ニ基キ、華族ノ男子ニ華族ニ相当セル教育ヲ施ス所トス」（総則第一条）とされた。初等学科・中等学科・高等学科・別科・陸軍予科・海軍予科・撰科から構成される。あわせて翌八月には、管理訓育の規定も含んだ「学生心得」を制定した。一八九二年以降には、教学に関する勅語・勅諭・令旨を集めた『教学聖訓』を学生や教職員に配布するようになる。

ちなみに、中等科以上の生徒の協同一致をはかるための機関として、「輔仁会」が一八八九年に開設される。当初の部会は編纂部・演説部・英語部・仏語部・独語部・運動部であり（以後漸次拡充）、学生活動の拠点となった。校友会雑誌『輔仁会雑誌』も発刊する。

さて、一八九三〜一九〇五年、途中の中断をはさんで、学習院には「大学科」が設置されていた。特に、近衛篤麿院長は外交官養成を期待して、大学科を再開した。しかし、期待どおりの進学者を確保できず、近衛院長死去後に廃止されてしまった。

また、一八九四年六月、大地震で四谷校舎に甚大な被害が出た。初等科は四谷にとどまり、中等学科・高等学科は北豊島郡高田村へ移転することが決まったが、種々の事情で延引し、実際に校舎建築の工事が始まったのは一〇年後の一九〇六年であった。

学習院・華族女学校の合併と分離

一九〇六年四月、新しい学習院学制が施行された。男子学生のために初等学科・中等学科・補修科が設置されたが、実際には補修科は設置されずに高等学科が存続した。また、華族女学校が学習院と合併して「学習院女学部」となった（女学部長に下田歌子が就任）。ただし、制度華族女学校時代のものをそのまま利用している。初等・高等小学科が合同して小学科、初等・高等中学科が合同して中学科となった。

さて、乃木希典院長時代の一九〇八年八月、学習院中・高等学科の目白移転が完了した。目白校地では全寮制が採用された（のち一九一三年には皇族学生の寮として寄宿舎別寮（現東別館）も竣工した）。乃木院長も総寮部内の一室（現「乃木館」）に起臥した。乃木は学生の規律に関してきわめて厳格で、質素の徳を強調した。

一九一二年二月の火災で永田町校地の学習院女学部本館が全焼すると、もともと校地が狭隘だったこともあって、新校地への移転が検討された。結局、青山練兵場跡地西南（現秩父宮ラグビー場）へ移転することになった。校舎建築工事がほぼ終了した一九一八年九月に学習院学制が改正され、女学部は「女子学習院」としてふたたび独立することになった。ただし、学制・規則などは学習院女学部時代のものをそのまま適用した。

さらに、一九二二年三月には「女子学習院学制」が制定され、「女子学習院ハ両陛下ノ優旨ヲ体シ、華族ノ女子ヲ教育スルヲ以テ目的トナシ、特ニ婦徳ノ涵養及国民道徳ノ養成ニ力ムベキモノトス」（第一条）とされた。特に、本科の制（小学科・中学科の区分を廃止した一一年間の一貫教育）と、二重学年制（春・秋の年二回新入生受け入れ）が導入されたのが特色である。また、同じ時期に、同窓生組織として「常磐会」が組織された。

話を学習院へもどすと、一九一九年九月、学習院学制が改正されて、初等学科・中等学科が初等科・中等科に改称されるとともに、「当分ノ内之ヲ存ス」と規定されていた高等学科が高等科として正式に存続することになった。これら高等科や中等科の教科課程は、同年四月施行の高等学校令・同規程や改正中学校令・同施行規則に準拠したものであった。

他の高等学校・中学校に準拠するようになった結果、学習院高等科卒業生の大学進学については、高等学校高等科卒業生と同様にみなすという文部省との了解が一九二一年四月に成立、帝国大学入学の道が正式に開けた。それまで帝国大学への無試験入学は、欠員のある分科大学（学部）にかぎって許可されていたのである。さらに、北条時敬・一戸兵衛院長時代には学習院の大学科を復活する案まで計画されたが、実現にはいたらなかった。

一九二三年九月発生の関東大震災は目白校地に甚大な被害をもたらした。その復興事業の一環として、理科特別教場（現南一号館、一九二七年竣工）や中等科教場（現西一号館、一九三〇年竣工）、さらには高等科学生のための新たな寄宿舎として「昭和寮」（一九二八年竣工）が建設された。

一九三〇年代から戦時中にかけての学習院・女子学習院

昭和初期、大学や高等学校で左傾思想事件が頻発すると、「思想善導」が教育方針として進められていく。学習院においても、教員・学生間の接触を密にするため、「クラス小会」が設置された。さらに、日中戦争開始直前の一九三七年三月には、高等科の修身・国語及漢文・歴史・地理・哲学概説・法制及経済の教授要目が、「皇国の道」「国民精神」を強調した内容に改正される。

一九三七年七月に日中戦争が勃発すると、翌一九三八年には初等科の教科から英語が廃止され、逆に修身の時間が増加した。さらに、一九三八年六月に文部省が中等学校以上での勤労作業実施を指示すると、学習院・女子学習院でも集団勤労作業が開始された。この勤労作業は、一九四一年八月の文部省指示を受けて、学習院中・高等科の「学習院報国隊」、女子学習院の「勤労報国隊」につながっていく。

アジア太平洋戦争の戦局悪化にともない、一九四三年一〇月に学生の徴兵猶予が停止(文科系学生が徴兵)され、一二月に徴兵年齢が一歳引き下げられて満一九歳となると、学習院においても高等科文科の学生があいついで学徒出陣していった。徴兵されなくても、学習院の学生は学校工場や一般企業の工場で勤労作業し、内原(茨城県)の農民道場で農耕に従事した。女子学習院の学生も下総御料牧場(千葉県)での勤労作業や学校工場での真空管組立作業などに従事した。

一九四四年七月のサイパン島陥落以後、本土空襲が激化すると、学習院でも学童疎開を開始した。初等科は沼津・修善寺(静岡県)や日光(栃木県)などへ、また中等科の一部も日光に疎開した。女子学習院の初等科・中等科は塩原・西那須野(栃木県)に疎開した。

一九四五年四月の空襲により目白校地では木造校舎の大部分が焼失し、六月で授業は打ち切りとなった。さらに、五月の空襲で四谷の初等科校舎と青山の女子学習院校舎の大部分が焼失、以後女子学習院は、目白の徳川義親(よしちか)邸や音羽の護国寺へ転々とすることになった。八月に終戦になるも、疎開先から東京への引き揚げがまず必要であった。

学習院の存続交渉

連合国軍による占領下、学習院・女子学習院はＧＨＱの政策と相いれない特権階級の学校であると目され、早晩廃止を迫られる可能性が浮上した。先手をうって一九四五年一二月に学習院学制が改正され、門戸を広く一般市民の子弟に開放したが、これは一般の教育機関であることを明確化しようとするものであった。

さらに、宮内省は一九四六年二月、ＧＨＱからの示唆を受けて、両学習院を宮内省から分離して私立学校とする方針を固め、財団法人学習院の設立準備に着手した。教職員の間でも、学習院の伝統を活かしつつ学校としての独自性を保持するためには、私立学校として存続することが望ましいという意見が強かった。

このあと学習院は、ＧＨＱのＣＩＥ（民間情報教育局）教育課長オア中佐（**Lt. Col. Mark T. Orr**）との長くて困難な直接交渉に移る。そして、一九四六年一〇月になってやっとＣＩＥは、学習院を存続させるという了解のもと、新学習院に要する財政措置についてはＥＳＳ（経済科学局）の方針に容喙しないと通知した。

卒業生が主体の新学習院設立準備委員会（会長細川護立（もりたつ））は同一〇月、宮内大臣に対して財団の基礎となるべき財産の下賜を願い出た。これは、現に両学習院が使用中の土地・建物など設備以外に、経営資金の不足補塡用に八〇〇万円の下賜を望むものであった。

しかし、一二月のＧＨＱから日本政府への回答文書では、当時、女子学習院が使用していた旧近衛騎兵連隊跡は譲渡されず、下賜金も三五〇万円と査定され、さらにそれには教職員の退職金も含まれていた。財政的にはきわめてきびしい状況であり、安倍能成（よししげ）院長は以後資金調達に奔走することになる。

一九四七年三月、財団法人学習院が発足する。院長は法人の理事長となり、その初代院長には評議員会の選挙で安倍能成が選ばれた。

また、いわゆる「六・三制」を採用した教育基本法・学校教育法施行にともない、一九四七年四月に新学習院学制が施行され、学習院は私立学校としての教育を開始した。すなわち、新制小学校に関しては、学習院初等科と女子学習院初等科を合併して男女共学とした。一方、新制中学校・高等学校に関しては男女別学として、男子の中等科・高等科と女子中等科・高等科に再編した（ちなみに、女子中・高等科はあわせて「女子部」とされた）。

学習院大学・短期大学の開設

学習院の存続をめぐる交渉でＣＩＥから示唆を受けたこともあって、学習院の内部でも大学開設が将来計画の一つとして固まっていく。一九四七年九月には学習院教育委員会が発足し、大学構想の大要が議論された。焦点のひとつは学部のあり方であり、学習院の存続交渉中にＣＩＥから示唆されたスクール・オブ・ガヴァメント構想（政治・行政の素養の育成を重視）にもとづく法科系学部はよいとして、問題は理科系の学部を設置するかどうかであった。安倍院長自身は文理の並置を理想と考えており、最終的には経営上も可能と判断して、理科系学部の設置を決断した。

ちなみに、大学設置準備委員会（一九四八年四月設置）では、「東京連合大学」構想（七年制高等学校であった成蹊・成城・武蔵・学習院の四校で連合大学を開設）も検討の俎上にのぼせられたが、四校間で合意にいたらずに終わった（その後も四大学間で交流は続き、現在まで四大学運動競技大会〔四大戦〕が毎年開催されている）。

文部省の認可をえて、一九四九年四月に私立「学習院大学」が開設した。文政学部（政治学科・哲学科・文学科）と理学部（物理学科・化学科）からなる。初代大学長には安倍院長みずからが就任した。あわせて輔仁会大学支部も発足し、ついで各学部自治委員会をはじめとした学生自治組織が誕生していく。

学習院大学開講式（1949年5月11日）。壇上は訓示する安倍院長。

さて、新制学習院大学では男女共学がうたわれていたが、女子高等科からの進学者は当初ごく少数にとどまった。すでに一九四八年度から旧制高等女学校の卒業生を対象とする「女子教養学園」が昭和寮に開設されており、好評を博していた。さらに、一九四九年の学校教育法改正により、二年ないし三年の短期大学が開設可能になった。このような情勢を受けて、特に女子高等科三年生の父母からは学習院にも短大を設置してほしいとの希望が上がった。財政事情から見送られそうになったが、最後は安倍院長が決断をくだした。

一九五〇年四月、戸山校地に短期大学部が設置された（一九五三年に「学習院女子短期大学」と改称）。文学科（国文専攻・英語専攻）のみでスタートし、翌一九五一年に家庭生活科が増設された。

同時期の講和問題をめぐっては、学習院の教員（安倍能成・清水幾太郎・久野収など）が「平和問題談話会」の主要メンバーとして活動したこともあって、学内では平和問題講演会や「平和問題研究講座」が開かれた。また、「真理と平和」という安倍院長の気持ちをこめて、一九五一年五月、「学習院院歌」（安倍院長作詞、信時潔作曲）が発表された。

大学開設にあわせて輔仁会大学支部が成立し、大学支部には学部自治委員会（自治会）といった学生自治組織が誕生した。ただし、学生運動の高揚と混迷に対して、学習院大学の学生自治組織は一定の距離をとっていた。

講和独立後の学習院

教員組織が完成して学科内容が充実すると、もともと異なる二系統で「文政学部」を構成することを強いた制約が緩和する。その結果、一九五二年四月に文政学部を、政経学部（政治学科・経済学科）と文学部（哲学科・文学科）に再編した。安倍院長は父母や学生からの設置要望を受けて、経済学関係の学科の設置を認めたのである。

このころ、教職追放解除後の高山岩男（こうやまいわお）（元京都帝国大学教授、「京都学派」）の学習院教授就任問題をめぐって、学内の意思決定のあり方が問題となった。よって、学部改組にあわせて学部教授会が設置されるようになり、以後学部運営の中心になっていく。また、学部長会議が規定の権限・役割以上に大学運営に重きを占め、教授会の権限・役割を侵害しているとの学部教授会側の不満を受けて、一九五七年一一月に大学協議会が発足した。いままで学部長が学長指名であったことも問題視され、一九六〇年四月からは選挙制となった。

大学設置審議会が大学院の設置審査を開始したのを受けて、学習院大学でも大学院人文科学研究科（哲学専攻・国文学専攻）・自然科学研究科（物理学及び化学専攻）の修士課程を一九五三年四月に設置した。政経学部は学部の充実をはかることを優先して、大学院課程設置を見送った。

一九五七年には文学部文学科の四専攻が、国文学科・イギリス文学科・ドイツ文学科・フランス文学科に昇格・改組される。

また、「私学十五周年・創立八十五周年記念事業計画」が作成されたが、これは一九六二年をめどに五億円の寄付をつのり、学習院の教育施設の整備をはかる構想であった。この構想をもとに、前川国男建築設計事務所の設計による新築校舎群（北一号館・南一号館・本部棟・中央教室〔いわゆるピラミッド校舎〕）が一九六〇年に、図書館が一九六三年に、それぞれ竣工した。

高度成長と学習院

一九六一年に史学科が文学部に、一九六三年に数学科が理学部に、それぞれ新設された。前者は、大学開学時には一部に強い反対意見があったものを、麻生磯次（あそういそじ）文学部長が実現させたものであった。後者は、国内におけるコンピューター市場の急速な拡大にともない、卒業生の就職問題への不安が解消されたことが背景にあった。

また、政経学部開設以来の要望である法学科を開設することは政経学部の改組をともなうことになり、一九六四年、政経学部の発展的解消として法学部（法学科・政治学科）と経済学部（経済学科）が開設された。これによって成立した法経文理の四学部体制は、以後五〇年以上続いた。

さて、一九六〇年代後半は敗戦直後のベビーブーム世代の大学進学期であり、「大学の大衆化」状況が到来した。増加する学生に対する施設面での遅れや教員数の不足、学生と教員の意識のズレといった問題が深刻化した。全国各地で「大学紛争」が激発することになる。

学習院大学においても、一九六九年春から学生の一部が「校規・学則改悪粉砕」「輔仁会粉砕」などをスローガンに活発な運動を展開、次第に院祭（輔仁会学習院祭）の開催のあり方が紛争の焦点になってくる。その結果、一九七〇年一一月には「正門前事件」（大学祭実行委員会側の正門への突入にともなう衝突・乱闘事件）が起き、大学祭は中止となった。

一方、女子短期大学では「大学紛争」に関して目立った動きはなかったという。進学者の増加を受けて、一九六九年四月、旧来の文科にかえて人文学科とするとともに、その中に文化史専攻を新設した。また、目白で行っていた院祭開催が危ぶまれるようになったので、一九六九年一〇月、短大の独自祭として「やわらぎのつどい」を開催した（翌年から「和祭」になる）。

大学改革の模索

大学紛争の高揚と並行して、大学内でも改革に向けての作業が始まっていた。一九六九年一二月、「大学の将来研究委員会」が発足、三次にわたる中間報告と最終報告を学長へ提出した。これらは、結局実現にいたらなかった提案を含めて、きわめて斬新かつ大胆な提言に富んでいた。

この提言を受けて、大学改革が進められていく。具体的には、①財政の改善（学費改訂）、②長期計画の策定（本部企画室が長期財政計画を策定）、③長期計画の実施（校地校舎等整備委員会による施設整備、経営学科・心理学科の新設（一九七四・七五年）、学習院公開講演・学習院講座の開始）、④運営・事務組織の改善（常務会設置、法人事務組織の整備、大学運営・事務組織の整備）、⑤付置機関の充実（計算機センター・史料館の設置）、⑥研究・教育環境の整備（奨学金制度の拡充、法学部・経済学部研究棟（東一号館）の建設（一九七三年竣工）、学生・学外厚生施設の整備）に結実した。

前記③の長期計画のうち、校舎建築など施設設備には多額の経費がかかるため、多くは創立百年記念事業のなかで実現がはかられた。その結果、年代測定室（一九七五年竣工）、文学部研究棟（北二号館、一九七九年竣工）、理学部研究棟（南四号館、一九七九年竣工）、創立百周年記念会館（一九七八年竣工）が次々と建てられていった。

さらに、一〇年以上後に「学習院二十一世紀計画」第一期計画（一九九一〜九四年度）が実施された結果、新法経教育研究棟（東二号館、一九九三年竣工）、理学部生命分子科学研究所棟（南六号館、一九九二年竣工）、新本部教室棟（西五号館、一九九三年竣工）が建設されるとともに、一九九四年度から全学で大規模なカリキュラム改革が行われた。

一方、短期大学に関しては、受験生のニーズが短期大学から四年制大学へと変化していた。その変化をふまえて、学習院女子短期大学から移行した「学習院女子大学」が一九九八年四月に開学した。学習院女子大学は、国際文化交流学部（日本文化学科・国際コミュニケーション学科・英語コミュニケーション学科）と大学院から構成される。

2　年史編纂事業

年史編纂とそれから

学習院・女子学習院の創立五〇周年に際して、『開校五十年記念学習院史』（一九二八年）・『女子学習院五十年史』（一九三五年）が編纂刊行された。さらに、創立百年記念事業として『学習院の百年』（一九七八年）・『学習院百年史』第一〜三編（一九八〇〜八七年）が編纂刊行された。学習院大学に関しては、開学五〇周年記念行事の一環として『学習院大学の五〇年　写真と図録』

（一九九九年）・『学習院大学五十年史』上下（二〇〇〇・〇一年）が編纂刊行された。女子短期大学に関しては、閉学にともない『半世紀　学習院女子短期大学史　図録』（二〇〇〇年）・『同　通史・資料編』（二〇〇三年）が編纂刊行された。これらの年史は、学内資料にもとづいて書かれた、しっかりとしたものである。本章も、特に『学習院の百年』以降の年史に全面的に負って書かれている。

それに対して、『学習院大学一〇〇年史』『学習院女子大学五〇年史』はずっと先のことだとしても、『学習院一五〇年史』はありえる話ではあるが、現状では一五〇年史編纂の動きはない（写真集は刊行する予定だと聞く）。よって、学習院大学・女子短期大学の五〇年史が刊行されて以後の二〇年間近くの動きは体系立ってわかっていないので、省略したい。

ただし、すぐに思いうかぶことだけを列挙すると、学習院大学の教学関係では、法科大学院の開設（二〇〇四年）、生命科学科の設置（二〇〇九年）、教育学科の設置（二〇一三年）、国際社会科学部の開設（二〇一六年）が挙げられる。二〇一一年には、従来の院史資料室（総務部総務課）を改組して、法人に「学習院アーカイブズ」が開設された。また、施設関係では、中央教室（いわゆるピラミッド校舎）を取り壊して、跡地に中央教育研究棟が二〇一〇年に竣工した。現在は東一号館を取り壊して新図書館を建設中（二〇二三年開館予定）であり、旧図書館へは学習院アーカイブズ・史料館が移転する予定になっている。

参考文献

学習院編『学習院の百年』（一九七八年）
学習院百年史編纂委員会編『学習院百年史』第一～三編（一九八〇～八七年）
学習院大学五十年史編纂委員会編『学習院大学の五〇年　写真と図録』（一九九九年）
学習院大学五十年史編纂委員会編『学習院大学五十年史』上下（二〇〇〇・〇一年）
学習院女子短期大学史編纂委員会編『半世紀　学習院女子短期大学史　図録』（二〇〇〇年）
学習院女子短期大学史編纂委員会編『半世紀　学習院女子短期大学史　通史・資料編』（二〇〇三年）

コラム6　年史編纂と国家の修史事業

佐藤大悟

なぜ年史は編纂されるのか

明治時代に創設された学校が創立一五〇周年を迎えつつある今日、各校の一五〇年史編纂事業も山場にさしかかっている。本書の各章からは、各大学の辿って来た歴史の重みと、そうした歴史を解明する意味を知ることができるだろう。それぞれの事例を拝読し、『青山学院一五〇年史』編纂事業の末席に連なる筆者は、日々の仕事を見つめ直すとともに、改めて次のような疑問を抱かざるを得なかった。なぜ年史は編纂されるのだろうか、と。

年史編纂が近現代史研究にとっていかに有用であり、これからの研究の可能性を秘めているかは、本書の各章・コラムからも自明である。また、自校の歴史を明らかにすることが、大学に求められている自己点検・評価や、種々の広報活動に有益であることは言うまでもない。年史編纂それ自体を主題とする書籍や紀要の特集も複数刊行されている（寺崎昌男ほか、一九九九年、学校沿革史研究会、二〇〇八年など）。

それでもなお、屋上屋を架すような素朴な疑問を記したのには理由がある。筆者は年史編纂に携わるかたわら、明治時代の修史（しゅうし）事業について研究を進めている。現代と明治時代初頭には約一五〇年の隔たりがあり、現代の学校の年史編纂と明治政府の修史事業の間に直接的な関係はないと言ってよい。にもかかわらず、この両者の間で、奇しくも似通った問題を見出してしまうことがある。本コラムは明治時代の修史事業について紹介することで、両者の比較とまではいかないが、年史編纂の意義を考えるためのいくつかの論点を提供したい。

明治時代の修史事業

明治時代の修史事業について、まずその概要を述べておこう（佐藤、二〇二一年）。

修史とは、歴史書の編纂、とくに国家による歴史の編纂事業を指す言葉である。たとえば中国には、『史記』に始まる歴代王朝による修史事業の伝統があった。それを受容した古代日本でも、『日本書紀』から『日本三代実録』までの六国史（りっこくし）が編纂された。幕府に代わって全国統治を担い始めた明治政府は、一八六九（明治二）年四月、六国史以来途絶えていた正史編纂の開始を表明した。だが、「王政復古」の一環であるはずのこの企ては、同年一二月に早くも中断してしまう。正史編纂を担う組織が置かれた大学（当時の高等教育・文部行政機関）における、国学者と漢学者の対立に起因すると言われている。

結果的に明治政府の修史事業は、右の正史編纂とは別の文脈から生じた。政府は戊辰戦争を中心とする明治維新の記録「復古記」の編纂を計画し、一八七二（明治五）年一〇月には太政官に歴史課を設置して、修史事業を推進したのである。

ところがその翌年、一八七三（明治六）年五月五日に発生した火災により、皇城（こうじょう）（旧江戸城）内にあった宮殿や太政官の庁舎が焼失し、歴史課は収集した史料や「復古記」の稿本を失う惨事に見舞われた。そこで歴史課は、府県庁や旧大名家といった政府外に残された史料を謄写・提出させることで、「復古記」を編纂することになった。

火災の教訓もあって、政府内では公文書等の記録を保存する意義が認識されていた。地方の沿革を把握することで政務に役立てようという、行政上の実用性を修史事業に求める意見も存在した。そこで歴史課は、同時代の各府県の状況を記す「府県史」の編纂に取り掛かった。政府内の各省も、たとえば大蔵省の『大日本租税志』のように、所管事業に関する古代から同時代までの修史事業に着手していた。

一方、歴史課が修史局、修史館と改組されるにつれ、同時代よりも前近代を対象とする編纂の比重が高まっていた。一八八二（明治一五）年一月、修史館は「大日本編年史」の編纂を開始した。「大日本編年史」は、後醍醐天皇の践祚（せんそ）から王政復古まで（一三一八～一八六七年）を対象とする漢文・編年体の正史で、重野安繹（しげのやすつぐ）の構想をもとに実現した。

歴史課が設置されてから一〇年を経たにもかかわらず、以上の編纂事業の多くは完成していなかった。人員・経費の不足、記録の不備・散逸というありふれた理由だけでなく、そもそもの事業の困難さも影響しただろう。太政官制廃止と内閣制導入に伴い、一八八六（明治一九）年一月に修史館が廃止されると、「復古記」と「大日本編年史」の編纂は内閣臨時修史局に引き継がれたが、「府県史」や各省の修史事業の多くは廃止・縮小された。編纂開始時に想定された意義が、時代の経過によって薄れていたことも背景にあったと言える。
その後一八八八（明治二一）年一〇月に、修史事業は帝国大学臨時編年史編纂掛に移管された。「復古記」の編纂は一八八九年に終了したが、「大日本編年史」の編纂は一八九三（明治二六）年四月に未完のまま中止され、これをもって修史事業は終わりを迎えたのだった。

修史事業の中止

「大日本編年史」の編纂が中止された理由として、前年の一八九二年に発生した久米事件（論文「神道は祭天の古俗」に端を発する久米邦武の非職・免官）の影響が指摘される。編纂の中止を判断した文部大臣井上毅による文書では、修史事業の二〇年間の成績に見るべきものがないこと、政府の編纂物である「大日本編年史」に漢文を用いるのは実用的でないことの二点が理由に挙げられた。

ただし、一方で井上は修史事業の再開を計画しており、編纂関係者から意見を集めていた（メール、二〇一七年）。史学史においてたびたび言及される、文科大学長外山正一（一八四八～一九〇〇年）の意見書を確認したい（東京大学史料編纂所、二〇〇二年）。

国家が自ら修史事業を行わなければ歴史を伝えられなかった時代とは異なり、「人文大ニ発達シテ、私人ノ歴史ヲ編纂セントスル者尠ナカラサル時代ニ到リテハ、国家カ特ニ吏員ニ命シテ国史ヲ編纂セシムルノ必要ハアラザルナラン」と、一個人が歴史を執筆できるようになった今、国家が官員に正史を編纂させるのはむしろ弊害が多いと外山は指摘する。歴史家がいかに公平な記述を心がけようとも完璧を期すことはできず、記載すべき事項の取捨選択や原因結果の関係など、見解の違いは必ず生ずるからである。その弊害は国家が編纂する正史において最大になると、外山は次のように理由を端的に述べる。

国家ノ編纂ニ係（かか）ル国史ハ世人ノ最モ信用ヲ置ク処ニシテ、最モ正確ナル国史ト認メラル、モノナルベケレバ、不正確ナル事実モ是（こ）レニ載ルモノハ正確ナルモノトセラレテ後世ニ伝ハリ、是レニ載ラサルモノハ正確ナル事実ト雖（いえど）モ世ノ排斥スル処トナリテ後世ニ伝ハラザルノ懼（おそれ）アレバナリ

外山正一

正史編纂を断念するよう述べる一方で、外山は史料の収集・編纂に対しては「修史局以来ノ編纂事業中最モ価値アルモノ」とその意義を認めていた。帝国大学文科大学の史学科・国史科に史学研究室を設けて、教授や助手たちに業務を委ねれば従来の半分の経費で継続できると、史料の収集・編纂に特化するよう論じたのだった。

外山以外の人々も同様の見解を示したため、井上は「大日本編年史」のような正史編纂を断念し、史料の収集・編纂に専念することを決定した。一八九五（明治二八）年四月に帝国大学文科大学に設置された史料編纂掛は、『大日本史料』や『大日本古文書』といった史料集の編纂・刊行を担うようになり、これらは現在の東京大学史料編纂所に引き継がれている。

年史への教訓

しばしば「学校の正史」と称される年史の編纂を考える上で、外山の意見書は示唆に富む。学校による編纂物として、年史には個人の研究以上に正確さが求められるが、いかに推敲や校正を重ねたとしても、その記述に執筆者の価値判断が入ることは避けられない。研究や新たな年史編纂にあたり、既存の年史を検証せずに踏襲する愚を戒めてもいるだろう。

二〇世紀を見ずに没した外山が二一世紀の今日存命であれば、「もはや学校による年史の編纂は不要である。研究者がそれぞれ、研究書として学校の歴史を書けば十分であり、学校は研究に有益な史料の提供に尽力していただきたい」などと述べたかもしれない。むしろこうした考え方は、修史事業とは異なる学問としての歴史学を修めた者にとって、かえって馴染み深いと言える。また本書第3章が記す慶應義塾のように、通史編の刊行を後世に委ね、史料の整理や資料編の編纂に力を注ぐ学校も現れている。「経費と時間を費やした年史編纂事業に見るべき成果がない」、「年史は読みにくく、実用的ではない」などと井上毅に言われないように、本書が紹介する各校の事例に学び、年史編纂固有の役割を考えなければならないだろう。

参考文献

学校沿革史研究会『学校沿革史の研究　総説』（野間教育研究所紀要第四七集、野間教育研究所、二〇〇八年）

佐藤大悟「第4講　修史」（山口輝臣・福家崇洋編『思想史講義【明治篇Ⅰ】』ちくま新書、二〇二二年）

寺﨑昌男・別府昭郎・中野実編『大学史をつくる』（東信堂、一九九九年）

東京大学史料編纂所編『東京大学史料編纂所史史料集』（東京大学出版会、二〇〇二年）

マーガレット・メール著、千葉功・松沢裕作訳者代表『歴史と国家』（東京大学出版会、二〇一七年）

第7章　法政大学一五〇年史【一八八〇年四月創立】

内藤一成

1　法政大学の歴史

法政大学は一八八〇年四月、神田区駿河台北甲賀町に設立された東京法学社を起源とし、二〇三〇年には創立一五〇年を迎える。

本書にみる他の大学と同様に、法政大学も数々の苦難を乗りこえてきた歴史を有する。しかしながら、これらをかぎられた紙幅で網羅することは不可能である。ゆえに本稿では、叙述の重心を東京法学社から旧制の法政大学の成立、すなわち大学の歴史の前半におく。そのうえで最後に、大学史編纂の歴史についても簡単に触れる。

以下、本稿は内容の多くを『法政大学八十年史』『法政大学百年史』はじめ、各大学史に拠っていることをあらかじめ断っておく。これらの参考文献は本文中に出典として逐一挙げることはせず、末尾に一括掲載する。

東京法学社の創立

法政大学の祖である東京法学社は、かつては一八七九年二月、神田区駿河台西紅梅町に創立されたと伝えられてきた。この説は根拠に乏しいところがあり、その後の調査で有力な資料がみつかったことから、一九六一年刊行の『法政大学八十年史』より、現在の見解にあらためられている。

薩埵正邦（HOSEIミュージアム）

創立時期にかぎらず、初期の法政大学の歴史には、不明や曖昧な事柄が少なくない。その理由としては、第二次世界大戦の戦災などにより、学内に古い記録が存在しないことが大きい。また初期には校舎が移転をくり返したこと、創立者との関係が早い段階で途切れてしまったことなども影響している。

話を東京法学社の創立にもどす。一八八〇年四月一〇日付『東京日日新聞』に掲載された同社の開設広告によると、社内には講法局と代言局がおかれた。前者は「教師ヲ聘シ専ラ我国ノ新法ヲ講シ、又仏国法律ヲ講義ス」とされ、学校に相当する部門である。後者は、現在でいう法律事務所で、代言人志望者の育成業務も担当するとした。

社をおこしたのは、代言人の伊藤修（一八五五〜一九二〇）と、金丸鉄（一八五二〜一九一〇）、さらに司法省に勤務する薩埵正邦（一八五六〜一八九七）が協力したという。いずれも二十代の青年であり、教育の中心は薩埵が担うこととなった。

一八八〇年前後の東京に、私立法律学校が次々と誕生した理由については、明治大学や早稲田大学・中央大学の章でもあきらかなように、近代的な法制度の確立が国家的急務とされるなか、一八八〇年七月に刑法・治罪法が公布され、翌月には最初の代言人試験が実施されるなど、この時期、法律にかかわる知識や技能への需要が高まっていたことが大きい。

代言人とは、現在の弁護士である。代言人制度は一八七二年にはじまり、七六年には資格試験による代言人免許の授与が制度化された。代言人の養成は、当初は徒弟的訓練がもっぱらであったが、次第に私塾も開設されるようになった。講法局と代言局をおく東京法学社は、双方の性格を備えていたといってよい。

学校設立の背景には、代言人養成のほか、幅広い教養をもとめて遊学を志し、上京してくる青年層の存在も大きい。一八八〇年当時は、国会開設運動が高まりをみせており、政治的熱気はかれらを大いに煽った。

東京法学社から東京法学校へ

東京法学社の開校は、同年九月一二日である。多数の入学希望者があるなどすべり出しは順調で、すぐさま教育内容を拡充させている。「本社開校以来其日尚浅しと雖も入学を請ふ者陸続として絶へず、其十か八九は皆入塾を志願する者なり。仍て今般塾を開き、来る十月一日より入塾を許す。而して従来の学科を増加して、更に予科、夜学の両科を設く。予科には仏学を教授し、仏蘭西原書に就て法律を学ぶの階梯を開く。夜学には刑法、治罪法等の輪講を為し、昼間講義に於て聴く所を復習せしめ、又或は昼間漏る丶所の書を講義せんとす」(『郵便報知新聞』一八八〇年一〇月一日)。かならずしも右のとおりにはいってないようだが、大体の雰囲気は伝わる。

相次ぐ入学希望者のため手狭となった東京法学社は、早くも同年一二月にはおなじ神田区内の錦町に移転した。翌年五月には、東京法学社より東京法学校が独立する。同校で薩埵は、事実上の校長にあたる主幹に就任する。

錦町の校舎は、一二〇坪の敷地に建てられた三層の腐朽した日本家屋であった。一階で授業がおこなわれ、二階には薩埵が入塾した生徒とともに起居したというから、学校といっても実態は私塾を拡充した程度にすぎない。

錦町移転後も生徒募集は順調だったようで、一八八四年三月には、同区小川町へとさらに移転し、その翌年には第一回卒業生八名を出している。一八八八年の段階では、在校生は八〇〇有余名を算したという。小川町の校舎は煉瓦造りで、錦町時代の三倍の規模を有したというが、買収時の借金が返せず、長い間苦しんだとされる。

ボアソナードの法律学校

近代的な法治国家の建設をめざす明治政府が、近代法のモデルとして最初に選んだのは、フランス法であった。司法省法学校(のちに東京大学法学部に統合)では、もっぱら同法の教授が行われていた。フランス法は事実上「政府公認の「官学」」(天野郁夫『旧制専門学校論』)で、その中心にはお雇い外国人ボアソナード(一八二五〜一九一〇)がいた。

ボアソナードは、苦学の末にパリ大学教授となった法学者で、司法省の法律顧問をつとめるかたわら、法学校で講義を行っていた。かれが起草に携わった民法典は、ボアソナード民法とよばれた。

東京法学校の創立当時、東京には、おなじフランス法系の私立法律学校として明治法律学校(明治大学)があった。両校はともに神田区内にあって校舎も近く、生徒募集をめぐって競合関係にあった。

両校の性格のちがいは、政府に対するスタンスにおいて顕著であった。自由民権運動が高揚するなか、明治法律学校が民権派の牙城として政府より猜疑の眼を向けられたのに対し、東京法学校はむしろ政治色がつよまるのを回避しようとした。薩埵は、青年たちに目前の政治問題に狂奔するのでなく、法律学の講究と拡充こそが世の開明進歩に資すると説いた。

ボアソナード(HOSEIミュージアム)

穏健論の裏には、明治法律学校のように政府に睨まれたくないという計算もはたらいたはずだが、こうした姿勢は、大きな財産を手に入れることとなる。ボアソナードの好意と支援である。

東京法学校でのボアソナードの講義は、一八八一年五月よりはじめられ、一時帰国による中断をはさみ、一八九四年六月までつづいた。この間、一八八三年には教頭に就任している。ボアソナードの貢献は、教育面はもちろん、学校経営の面でもはかり知れない。法政大学では、ボアソナードの数々の功績を讃え、市ヶ谷キャンパスのシンボルタワーといえる高層校舎にその名を冠するとともに、一階エントランスには胸像が設置されている。

初期の教育体制

東京法学校の教育体制については、史料に欠けることもあり、よくわからないことが多い。数少ない手がかりとして、一八八二年一〇月に同校が東京府に提出した「私立学校設置願」によると、法律科を教授することを目的とし、刑法・治罪法は日本の、それ以外の民法・訴訟法・商法・行政法はフランスのものが教えられた。

卒業年限は三年で、授業時間は午後二時半より二時間。定員は一五〇名で、入学資格は普通の文章を読める程度。教員は四人で、司法省属や検事の出講。このほか員外講師としてボアソナードが教壇に立った。入学金は一円、月謝は六〇銭、塾費は二五銭であった。

つづく一年半後の一八八四年四月に同校が東京府に提出した「東京法学校移転並ニ規則改正願」をもとに右とくらべると、学校の目的に経済学の教授が加わっている。始業は一時間遅く午後三時半から、授業時間は四時間へと倍増。定員は八〇〇名、教員は一三名に増えている。

五大法律学校のひとつとして

一八八六年は近代教育史において画期の年である。三月には「帝国大学令」が公布され、東京大学や各省の学校が統合し、帝国大学が誕生した。八月には「私立法律学校監督条規」が出され、東京法学校および東京専門学校・明治法律学校・専修学校・英吉利法律学校は、帝国大学の監督下に入ることとなった。

文部省としては、私立法律学校を大学の監督下におくことで、教育水準を確保し、帝国大学の補完機能を果たさせようという思惑であった。二年後には「特別認可学校規則」が出され、前記各学校は直接文部省の監督下におかれた。

官庁の統制を受けることは、その分、自主性や独立性を失うことになるが、「五大法律学校」の称にも窺えるように、実際には反発よりもステータスと受け止めた面がつよい。なにより生徒募集の面で、こうした「権威」は有効であった。

特別認可学校のメリットは、生徒にとっても少なくなかった。卒業生は、判任官見習に無試験で任用され、奏任官試補の任用試験の受験資格があたえられた。また判事試験の受験資格が認められた。これは帝国大学の卒業生が行政官を独占するなか、司法官に活路をもとめる私立学校の卒業生にとって大きな意味をもった。

さらに、徴兵令の改正により、特別認可学校の在校生は満二六歳まで徴兵猶予が認められ、卒業後には一年志願兵になり得たことも大きい。本心では兵役を忌避したい青年、さらにその親たちにとって特典は魅力的であった。

もっとも、メリットだけではなかった。「特別認可学校規則」では、入学資格を満年齢一七歳以上にして尋常中学校卒業生などと定めていた。文部省にすれば、無原則な生徒募集をあらためさせることで教育水準を高めようとする狙いがあった。だが、当時の中学校卒業生は大半が官学志望であり、現実には条件に適うような入学希望者はほとんど期待できなかった。これまで広く入学希望者を受け入れてきた東京法学校にとって、入学資格の厳格化は、必然的に生徒の減少を招く。このため正規の生徒以外に、員外生や傍聴生の募集に乗り出したが、それでも生徒数は相当落ち込んだようである。

おりしも政府では、一八八二年から翌年にかけての伊藤博文の憲法調査以降、ドイツ（プロイセン）に範を取りつつ、憲法をはじめとする法整備が進められていた。これにともない、ドイツ系法学の台頭がめざましく、逆にフランス系にはかげりが生じつつあった。

こうしたなかで浮上したのが、フランス系の東京法学校・明治法律学校、さらに東京仏学校（一八八六年一一月、仏学会により神田区小川町に設立されたフランス語学校）による三校合併計画であった。しかしながら、東京法学校と明治法律学校は、政府に対するスタンスのちがいや、生徒募集をめぐって対立を繰り返してきたことから溝が大きく、結果的に東京法学校と東京仏学校の二校が合併し、一八八九年五月に和仏法律学校が誕生した。『法政大学百年史』は、両校の合併は、財政難に苦しむ東京法学校と、資金的には潤沢だが生徒不足に悩む東京仏学校が互いの長短を補いあったと説明する。

和仏法律学校の校長には司法次官箕作麟祥（一八四六〜一八九七）が就任し、翌年にはフランス・ドイツ留学より帰国した梅謙次郎（一八六〇〜一九一〇）が学監に就任した。梅はその後も帝国大学法科大学教授のかたわら、一八九九年には校長に就任するなど、学校の発展に大きく貢献した。

その一方で、東京法学社の創設以来、学校運営の中心にあった薩埵正邦は、梅の登場といれかわるように離脱していった。同人は、一八九〇年に京都の第三高等中学校の嘱託教員、ついで教授となったのち、一八九七年六月に四二歳の若さで病死する。

和仏法律学校の時代

新たに誕生した和仏法律学校は、当初は小川町の東京法学校・東京仏学校の旧校舎で授業をおこなったが、一八九〇年六月、麹町区富士見町六丁目に完成した新校舎へと移転した。木造二五五坪からなる新校舎は、創立以来、はじめて建てた自前の校舎であった。

校舎は一新されたが、学校経営は苦難がつづいた。

フランス系法学の斜陽についてはさきに述べたが、さらなる痛手となったのが、ボアソナードを中心に編纂され、すでに公布段階にあったフランス流の民法典が、日本の伝統や慣習にそぐわないとして批判を招き、帝国議会でのはげしい論戦の末、施行延期となったことである。

一連の騒動は民法典論争とよばれる。和仏法律学校は明治法律学校と並んで、民法典の施行を支持する断行派の拠点となっただけに、敗北のダメージは大きかった。実際、イギリス系の法律学校である東京法学院、おなじくドイツ系法律学校の日本法律学校が、論争後に生徒数を急増させたのに対し、和仏法律学校は大きく減らしている。

危機を救ったのは、尋常中学校の拡充にともなう学生数の増加であった。人的供給源の増大を背景に、和仏法律学校を含めた私立専門学校は、一八九〇年代後期以降、在学者数を大きく増加させる。

こうしたなかにあって私立専門学校では、入学者の質に、ある種の変化が生じていたとされる。従来は、法律家や官員を志望し、あるいは政治活動への意欲をもつ学生が少なくなかったのに対し、この時期からは、地方の比較的裕福な階層の子弟で、中央や官界への上昇志向をさほどつよくもたず、卒業後は郷里に帰り、地元の中堅リーダーとなっていくといったタイプが目立つようになったという。

和仏法律学校は、他の私立専門学校と同様、こうした青年層の受け皿となることで生徒を集めた。あわせて夜間中心の授業形態は、地方から上京して官立の高等教育機関をめざす青年たちにとっての受験予備校となった。また下級官吏や小学校の教員などさまざまな職に就き、勤労しながら向学心を燃やす、いわゆる苦学生にとっては、学びの機会を提供することになった。

さまざまな学び

私立学校にとって学生の確保は、経営面でも重要であった。多くの私立専門学校では正科だけでは到底、学校を維持することはできないために、入学資格が厳格でない別科として専門部をおき、正科よりもはるかに多くの生徒を収容したことはよく知られる。和仏法律学校も例外ではなく、専門部のほかにも学問を志す青年のさまざまな需要に応えるべく各種の別科を設け、生徒の取り込みにつとめている。

そのひとつが、地方在住で学習意欲をもった青年を対象とした通信教育である。講義録で学ぶ校外生の制度は一八九〇年頃にはじまり、一八九九年上半期の財産目録によれば、講義録の販売収入は五九〇〇円余りで、授業料収入の二倍以上、全収入の三分の二近くを占めるなど、経営面でも大きく寄与している。

このほか一九〇四年に、主として清国からの留学生を受け入れるために修業年限一年（のち一年半）の法政速成科を設置したことも注目される。

清国では、日清戦争の敗北を機に日本への留学熱が高まった。日本側でも一八九八年の成城学校を皮切りに、多くの学校で清国人留学生を受け入れた。法政速成科の設置も、こうした機運に乗じたもので、大量の留学生を収容したため、「殆(ホト)ント「支那人学校」ノ異名ヲ冠セラルル」（『法政大学参拾年史』）ほどであったという。

留学生のなかには、後の辛亥革命をはじめとする革命運動の担い手もいた。その一人に汪兆銘（おうちょうめい）がいた。汪は自叙伝のなかで法政速成科の授業について、「当時の法政大学には我々中国からの留学生のために特別の通訳つき講義のクラスが設けられてあつたので、わたくしは日本語は出来なかつたが講義は充分聴くことが出来た。また書物も文語体のものが多かつたので、一、二ヶ月も練習すれば大体の意味をつかむことは出来、勉学には支障がなかつた」などと回顧している。

汪はさらに「わたくしは生れてはじめて接する新知識―憲法とか国家学を開眼され、固有の民族思想に目醒めて行つた。そして新しく学んだ民権思想が加はり、次第に革命的な方向へ趨（はし）つたことは否まれない」と、留学が思想形成に少なからぬ影響をあたえたことを認める（『汪精衛自叙伝』）。

法政大学の時代

和仏法律学校は一九〇三年八月二八日、「専門学校令」（同年三月制定）の認可をうけて、法人名を財団法人和仏法律学校法政大学と改称した。法政大学の称はこの時はじめて登場する。校長は総理と改称され、梅校長がその座についた。

今日からみれば意外だが、帝国大学以外の高等教育機関は、専門学校と総称されていたが、「専門学校令」が出るまでは根拠となる法令をもたなかった。位置づけが曖昧ななかにあって慶應義塾は、いちはやく一八九〇年に大学部を発足させ、大学化志向を鮮明にした。つづいて一九〇二年には東京専門学校が早稲田大学と改称するなど、他の私立学校でも大学昇格をめざす気運が高まりつつあった。

「専門学校令」は、こうした動きを牽制するとともに、一定の制度化をはかったものといえる。とはいえ、各学校の意欲もおさえがたく、一年半程度の予科をもつ専門学校には、大学の名称をつけることを認めた。これをうけ、多くの私立学校が大学へと名称をあらためる。

和仏法律学校はどうかというと、梅校長は、「今日ノ大学ト称スルノハ実ハマダ早イ、マダ大学ト称スルニハ足ラヌト思フノデアリマス」と、大学化には慎重であった。だが、他の学校との経営競争上、名乗らないわけにもいかず、「畢竟本校ノ程度ヲ大ニ高メルト云フ目的ヲ以テ」これを認めた（『法政大学大学史資料集』第32集）。こうして和仏法律学校は法政大学と名乗ることになり、あわせて大学予科の生徒募集に着手した。

その後、法政大学は「専門学校令」による大学の時代をへて、一九一八年一二月に「大学令」が制定されると、一九二〇年四月一五日、正式に大学として認可された。

法政大学が、法学部・経済学部の二学部および大学予科でもって開校したのは、一九二一年四月である。大学昇格を機に、教育体制も刷新された。それまで夜間中心であった授業時間は、この時からは昼間を基礎とし、夜間も併置する形となった。昼間が中心だと、講義は従来のような東京帝国大学教員や官吏の出講に頼った体制では十分まかなえなくなる。「大学令」第一七条では「公立及私立ノ大学ニハ相当員数ノ専任教員ヲ置クヘシ」とあり、一九二〇年八月に学部九名、大学予科一四名の教員を採用し、専任教員中心主義へと移行した。

一九二二年には、法学部は法文学部に編成変更される。正科生の修業年限は三年で、授業料は第一部（昼間）が年九〇円、第二部（夜間）が六六円であった。予科は修業年限が二年で、授業料は年額八〇円であった。ちなみに同時期の東京帝国大学の授業料は七五円、慶應義塾大学は一二〇円である。

法政大学（1926年当時、HOSEI ミュージアム）

法政大学の開校にあわせて、校舎は麴町区富士見町六丁目から、同四丁目の現在市ヶ谷キャンパスのある場所に移転した。新校舎は木造モルタル三階建て、旧江戸城外濠に面し、モダンな外観を誇った。敷地は順次拡張され、校舎が増設されていった。大学予科は、当初は大学とおなじ敷地にあったが、生徒数の増加にともない、一九三六年には神奈川県川崎市木月に移転した。

このようにして発足した「大学令」による法政大学（旧制）は、その後、二八年にわたり存続し、この間に輩出した卒業生は、総数一万一二七六名にのぼった。

戦後の法政大学

第二次世界大戦の終戦当時、法政大学は、富士見町校舎の本館をはじめ校舎の大半を戦災で失うなど無残な状況であった。

戦後の復興は、戦時中に大学総長・理事長の座にあった竹内賀久治（一八七五〜一九四六）の影響力を排除することからはじまった。

竹内は和仏法律学校出身の弁護士で、著名な右翼の政治活動家でもあった。戦時中の法政大学は、陸軍皇道派の中心人物であった陸軍大将荒木貞夫を顧問に迎え、国家主義団体「猶存社」を組織し、陸軍将校のクーデター未遂事件「三月事件」「十月事件」にも参画したことで知られる大川周明が大陸部長に就任するなど、国粋主義傾向がつよかった。

戦後になると、竹内は一転して糾弾される側となり、学生らによる全学ストライキなど相次ぐ批判の末に、一九四六年二月に辞任に追い込まれた。後任の学長には、夏目漱石門下のリベラリストとして知られる野上豊一郎（一八八三〜一九五〇）が就任した。

野上のもと、教育体制の刷新がはかられ、一九四七年には法文学部を廃止し、法学部と文学部が設置された。これにより大学は既存の経済学部を含めた三学部・昼夜二部制となった。さらに大学の門戸開放・教育大衆化をはかるため通信教育部を設置し、天皇機関説で知られる憲法学者の美濃部達吉（一八七三〜一九四八）を部長に迎えた。

一九四九年には、学校教育法による財団法人法政大学の設置が認可され、新制大学としてスタートを切った。新制法政大学の初代総長には野上が就いた。翌年二月、野上が死去すると、かつて竹内に東京帝国大学助教授の座を追われた経歴をもつ、マルクス経済学者大内兵衛（一八八八

〜一九八〇）を総長に迎えた。これ以降も大学は、紆余曲折をへながら発展していくことになる。

現在の法政大学は、千代田区富士見の市ヶ谷キャンパスおよび、小金井・多摩の全三キャンパスに一五の学部を有し、学生約二万七〇〇〇人の学ぶ総合大学に成長している。

2　年史編纂事業

戦前の大学史編纂事業

法政大学の大学史編纂の歴史をたどると、はじまりは一九〇九年に刊行された『法政大学参拾年史』にいきつく。

この時代、学校の祖となる東京法学社の創立は一八七九年二月とみなされており、一九〇九年四月二五日には、上野精養軒で法政大学創立三〇周年記念式典が開かれている。『参拾年史』は、記念事業の一環として編纂された。

『参拾年史』の編者は、和仏法律学校出身で、学校事務長をつとめる石原三郎であった。同書の「序言」によれば、『参拾年史』編纂が実際に動き出したのは、記念式典を翌月に控えた三月一六日であった。

他がいずれも辞退したため編纂を引き受けることになった石原は、約二週間で原稿をまとめたという。多忙な公務のかたわらでの作業であったことを考えると、驚嘆のほかない。「序言」は、編纂の苦労をつぎのように記す。

命ヲ受ケテヨリ正サニ二週日、昼間ハ繁劇ナル業務ニ服シ、夜間主トシテ斯事ニ従フモ、時ニ私事ニ妨ケラレテ意ノ如クナラス、漸クニシテ稿ヲ脱シ読下スレハ精粗其体ヲ得サルモノアリ、排列其当ヲ得サルモノアリ、文ヲ成ササル所アリ、句ヲ成ササル所アリト雖モ、今ヤ訂正ノ遑ナク、已ムヲ得ス直チニ之ヲ梓ニ上ス

あまりに短い編纂期間ゆえ、文章は不完全で、推敲も十分でないなどと、遺憾の情が率直に吐露されている。それでも、「只事実ニ至リテハ、或ハ足ラサルノアルヘキモ、努メテ謬ナキ事ヲ期セリ」とあるのは、矜持であろう。

石原が梅謙次郎総理、富井政章(とみいせいしょう)教頭の校閲をへるなどして『参拾年史』を完成させたのは、記念式典の前々日の四月二三日であった。同書は、本編一〇四頁のほか、巻頭に口絵写真、巻末に「法政大学学則」などの附録が収められる。

『参拾年史』は分量的に大部とはいえないが、学校の沿革が簡潔にまとめられており、戦災により関係資料の多くが失われた現在となっては、大学の歴史を知るうえでの価値は高い。

これにつづくのが、一九四一年に出た「法政大学六十年史」である。同書は四〇頁ほどで、

『法政大学校友名鑑』に収録される形となっている。「小史」といってよい内容だが、『参拾年史』以降の大学の歴史を知るには貴重である。

戦後の大学史編纂事業

戦後の大学史としては、一九六一年に刊行された『法政大学八十年史』を皮切りに、『法政大学百年史』(一九八〇年刊)、『法政大学と戦後五〇年』(二〇〇四年刊)が編纂されている。

前二者は表題からも窺えるとおり、創立八〇周年、一〇〇周年の記念事業の一環として企画、編纂されたものである。『戦後五〇年』は、創立一二〇周年記念事業に端を発する形で作成された。

いずれの事業も各学部より選任された教員により編纂委員会が組織されている。資料の収集、整理を中心的に担ったのは、『八十年史』では新たに設けられた編纂室の、百年史では編纂事業係の職員である。事業を通じて、学内外に眠るさまざまな資料が掘り起こされたことは大きな成果といってよい。

このほか資料集として『法政大学史資料集』がある。同書は百年史編纂を機として、一九七八年に第一集が刊行された。その後シリーズ化され、現在に至っている。

現在は、二〇三〇年の創立一五〇周年を前に、法政大学史委員会ではいくつかの記念事業を実施すべく検討を重ねているという。このほか、大学の歴史を発信する場として、二〇二〇年にH

ＯＳＥＩミュージアムがオープンしたことも特筆される。今後も、将来を見据えた着実な取り組みが、大学にはもとめられよう。

参考文献

石原三郎編『法政大学参拾年史』（法政大学、一九〇九年）
法政大学編刊『法政大学八十年史』（一九六一年）
法政大学百年史編纂委員会編『法政大学百年史』（法政大学、一九八〇年）
法政大学大学史資料委員会・法政大学図書館100周年記念事業委員会編『法政大学　1880-2000 そのあゆみと展望』（法政大学、二〇〇〇年）
法政大学戦後五〇年史編纂委員会編『法政大学と戦後五〇年』（法政大学、二〇〇四年）
法政大学大学史資料委員会編『法政大学史資料集』第32集（法政大学、二〇一一年）
古俣達郎「戦前期における「法政大学史」—明治30年代から戦時下まで—」（『ＨＯＳＥＩミュージアム紀要』第二号、二〇二二年）
天野郁夫『近代日本高等教育研究』（玉川大学出版部、一九八九年）
天野郁夫『旧制専門学校論』（玉川大学出版部、一九九三年）
安藤徳器編訳『汪精衛自叙伝』（講談社、一九四一年）

＊本稿の執筆にあたっては、法政大学人間環境学部教授根崎光男氏、ＨＯＳＥＩミュージアム北口由望氏・古俣達郎氏より教示を得た。氏名を記し謝意を申し上げる。

コラム7　公文書と学校史

日向玲理

公文書の概要

現在、筆者は青山学院一五〇年史編纂事業に携わっている。編纂にあたっては、「青山学院の建学の精神を明らかにし、青山学院の依って立つべき基盤となる歴史像の提示を目指す」ため、「客観的史料に基づいて実証的に記述する」という方針が掲げられた。この客観的かつ実証的な年史編纂を目指すという理念は、各学校で行われている年史編纂事業にも通底していると思われる。

堅実な年史を編むには「学校教育文書」が何よりも重要となる。その範囲は多岐にわたり、学校運営に係る文書や官公庁との往復文書、生徒・学生の記録などが挙げられる（寺﨑昌男「学校教育」『日本古文書学講座』第一〇巻近代編Ⅱ、雄山閣出版、一九八〇年）。学校の設置・廃止や学則の改廃などに関する許認可は、管理・運営上の根拠となるきわめて重要な公文書である。また、私立学校の場合、官公立学校とはまた異なった特色ある文書が残されている（佐志傳（さしつたえ）「私学教育」、同右書）。

公文書を史料として用いる場合、公文書管理制度に関する法令・規則を理解することはいうまでもないが、公文書をめぐる歴史や特徴を知っておく必要がある（岩倉規夫・大久保利謙編『近代文書学への展開』柏書房、一九八二年)。近年、公文書に関する研究はさらに進んでいる。中野目徹氏は、明治政府成立以降の文書行政は、多義的な情報が内包されている原議(文書の決裁原本)を中心とする三つの過程(文書処理→文書施行→文書保存=「文書行政の三過程」)で構成されると述べている。同氏は、原議からうかがえる稟議制の実態に即して組織の意思決定過程を解明していくという方法論を提唱・確立した(中野目徹『近代史料学の射程』弘文堂、二〇〇〇年)。また、日本の近代・現代公文書の特質について、「文書行政の三過程」が記録されていることに加え、そこに広範な社会情勢の動態を読み取れることにあると指摘している(中野目徹「公文書」『歴史学事典』第一五巻、弘文堂、二〇〇八年)。

外務省の公文書(「外務省記録」)を仔細に検討する熊本史雄氏も公文書の群構造と階層構造に着目し、主管局課の意思を遡及的に探り、そこから外務省の組織機能とその変化を読み解いている(熊本史雄『近代日本の外交史料を読む』ミネルヴァ書房、二〇二〇年)。

このように、単に公文書の「本文」に書かれている内容を読むという段階ではすでになく、さらに踏み込んだ議論が展開されているのが、今日の状況である。

学校史編纂・研究と公文書

全国の教育行政を担う官庁は文部省である。文部省設置以来の記録文書は、関東大震災による書庫の焼失のため一九二三(大正一二)年九月以前のものは基本的に現存しておらず、それ以降の分についても終戦直後に失われたものもある（佐藤秀夫「文部省」『日本古文書学講座』第九巻近代編I、雄山閣出版、一九七九年）。したがって、太政官や内閣、外務省の公文書に比して、史料の残存状況が芳しくない。明治・大正期の学校史を編纂・研究するうえで、これが難点となるが、だからといって、編纂が全くできないわけではない。

東京都公文書館所蔵の公文書を事例にみてみよう。一九〇三（明治三六）年一二月二四日付で本多庸一青山学院長から千家尊福（せんげたかとみ）東京府知事宛に「申達願」が東京府豊多摩郡役所を経由して提出された。「申達願」の別紙として、本多庸一青山学院長から久保田譲（ゆずる）文部大臣宛ての「私立青山学院高等科専門学校認可願」（一九〇三年一二月〔日欠〕付）が添付されている。文部省での審査の結果、認可を得ることとなり、認可書の原本は文部省から青山学院に送られるため、東京府にはその写が残される（「第一種　文書類纂・学事・第七類・私立各種学校・第一巻〈第三課〉」所収）。文部省の記録は焼失し、青山学院が東京府や文部省に宛てた文書の原議も現存していない。そのため、東京都公文書館に残された学校の設置目的や運営状況などの情報は、学校史編纂・研究の骨格となる史料として重要である。

このように、各学校で作成された文書は、最初に都道府県に提出され、一応の予備審査を経た後、それに合格したものが文部省に提出される。申請書類は学校から複数部提出され、地方自治体にも一部留め置かれ、規程に則り保存される（寺﨑昌男他編『大学史をつくる』東信堂、一九九九年）。

学校の設置・廃止、学則改正、校舎新築といった事項が明らかとなる一方、生徒・学生の日常生活の様子や学校の雰囲気などは公文書では摑みにくい。学校史を編むうえでは制度的な側面だけではなく、生徒・学生たちの視点をも加える必要がある。もちろん、公文書にも生徒の訓育や学業の状況などが記される場合もあるので全体的な印象は摑めるものの、その実態把握は容易ではない。そこで重要になってくるのが、学内で発行される定期刊行物である。青山学院を例にすると、『青山学報』や『学友会雑誌』には、生徒・学生たちの寄稿文やクラブ活動の様子（他校との対外試合など）、上級学校への進学実績などが記されている（東京帝国大学、早稲田大学、慶應義塾大学など）。また、学生たちは学生会を組織したり、学生新聞を発刊して学校当局に意見を陳情したりするなど活発に活動していることも読み取れる。公文書では捉え難い生徒・学生の思想・行動や、学校間の「交流」の側面をこうした史料によって捉えていくことで学校史像をより豊かにすることができるだろう。

公文書と学内文書の活用

最後に公文書に関する研究成果を学校史編纂・研究にいかに援用すべきかについて考えてみたい。近代化の進展に伴って社会の様々な組織に官僚制的な形態がとられるようになると、文書主義が浸透していくという傾向はおそらく学校組織にも見出すことができる。生徒数が増えれば、教員や教育活動を支える事務職員もそれに伴って増加するのは多くの学校に共通してみられる現象であろう。学校の規模が拡大するなかで、事務組織の整備と文書管理に関する規程が制定されることは、学校という組織に官僚制的な要素が入り込むことを意味している。

青山学院は教職員の職務章程を新たに制定し、一九一六年四月から施行した。その一つが「主事職務規程」で学院拡張事業の推進を目的としている。事務を統括する主事は院長の命を受けて拡張事業に関する事務（寄付金募集、文書の起草・保存整理、帳簿の保存・整理、そのほか一切の事項）を所掌した（第一条）。また、「事務規程」では学院全体の事務を定めている。事務組織は庶務、教務、会計、図書の各係から成り（第一条）、文書事務を担当したのは庶務係である。同係は「公文書類ノ保存整理ニ関スル事項」、「文書ノ起案及ビ其保存整理ニ関スル事項」、「文書ノ接受及ビ統計報告ニ関スル事項」を所掌した（このほか勅語や院長印の保管など）。

同規程で注目すべきは「文書処理」が立項された点である。学院に到着した文書は全て庶務係が接受し（第九条）、庶務係は接受した文書の主管を定め検印のうえ各係に配附した（第一〇条）。各係が文書を接受したときは、すぐに立案、稟議、決裁、発送の手続きを行う（第一一条）。各係の主管事務のなかでほかの係に関係するものは必ず稟議する（第一二条）。院長名、校名、各係名で発信する文書は、委任された事案以外の文書は全て院長の決裁を要する（第一三条）。処分済の文書は各係で整理保存する（第一四条）。

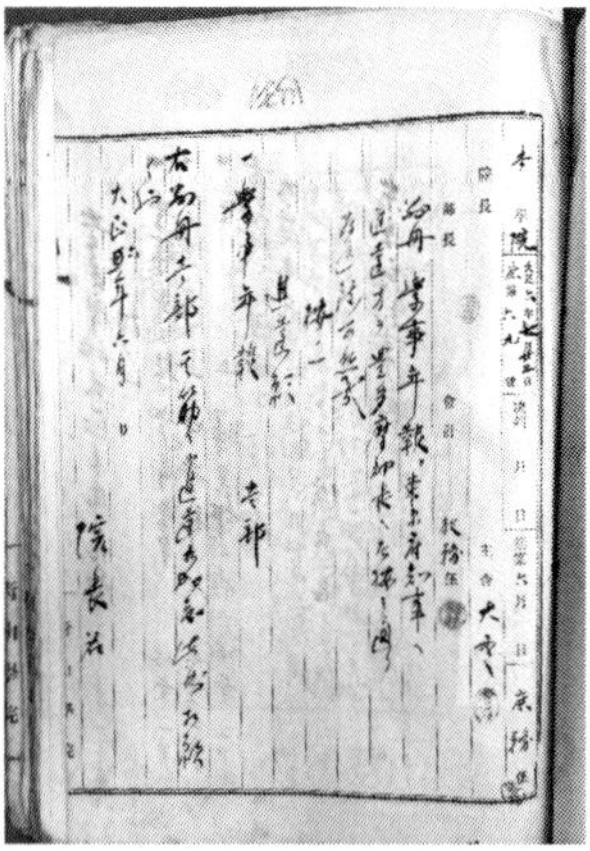

写真「大正弐年以降　学事年報綴」
（青山学院資料センター所蔵）

文書管理に相当するような規程は明治期には定められていなかった。「文書処理」を明確にしたのは、生徒数の増加や拡張事業に伴う業務量の増加と、それに付随して処理すべき文書が膨大に作成されるようになったからであり、円滑な業務遂行を目指すための対応であったといえよう。こうした傾向性が各学校でみられるのか否かも含めて、史料に基づいて学校史における官僚制を問うことも一つの論点となり得ると思われる。

さらに、ここで想起すべきは、公文書の多義的な情報を引き出すという視角である。実際の文書処理の事例を確認するのがわかりやすいだろう。写真は「学事年報」を東京府へ進達するための決裁書である。起案者＝庶務係、起案日＝六月日欠、文書番号＝庶第六九号、決裁経路＝書記・主査（大貫蔵之助）、幹事・教務係（松井浪八）を経て最終的な決裁者は部長（石坂正信）となっている。発送日は七月二三日である。石坂の印が院長と部長の間に押されている。このとき高木壬太郎院長は病気療養中であったため、石坂が院長代理を務めていた。そうした事情が押印の仕方にも表れている。続いて、一九一九年瀬古保次豊多摩郡長が青山学院長に宛てた奉祝式延期に関する接受文書を事例としてみてみると、四月二六日に庶務係（大貫）で接受した文書は、教務係（大西長太郎）と生徒監（相田義武）に回付され、部長（石坂）、院長（高木）が閲読したことがわかる。

ここで紹介できるのはほんの一例に過ぎないわけであるが、こうした原議には、意思決定過程を再現できる痕跡が残っている。「文書処理」がどのように運用されていたのかを分析することで学内行政の実態を解明する一助になる。さらには教育活動を支える事務組織の存在にも目を向けなければなるまい。むろん、理事会や評議員会といった会議体の史料分析も欠かせない。学校史を編んでいくには公文書と学内文書を併用することが必要であり、これらを総合的に捉えることでより豊かな学校史像を描くことに繋がっていくのではないだろうか。写真のような学内文書が浄書を経て文部省や東京府に提出されることによって公文書となり、それを介して各学校と官公庁との間でコミュニケーションが生まれていく。

参考文献

杉山和雄他編『日本古文書学講座』第一〇巻近代編Ⅱ（雄山閣出版、一九八〇年）
岩倉規夫・大久保利謙編『近代文書学への展開』（柏書房、一九八二年）
中野目徹『近代史料学の射程』（弘文堂、二〇〇〇年）
小池聖一『近代日本文書学研究序説』（現代史料出版、二〇〇八年）
加藤聖文「日本の官僚制と文書管理制度」『歴史学が問う公文書の管理と情報公開』（大月書店、二〇一五年）
熊本史雄『近代日本の外交史料を読む』（ミネルヴァ書房、二〇二〇年）

第8章　明治大学一五〇年史【一八八一年一月創立】

落合弘樹

1　明治大学の歴史

三人の創立者

明治大学の前身である明治法律学校は、一八八一（明治一四）年一月一七日に、司法省法学校の第一期生である岸本辰雄・宮城浩蔵・矢代操によって創立された。

司法省法学校は初代司法卿江藤新平の主導により、西洋近代法の専門家養成のため一八七二（明治五）年七月に設置された。教育の中心となったのは、ナポレオン法典にもとづくフランス法学およびフランス語で、お雇い外国人のギュスターヴ・エミール・ボアソナードおよびジョルジュ・イレール・ブスケが講師となっている。官費制・全寮制だったので、貢進生として各地から東京に送られた旧藩士子弟の俊英が競って入校した。

三人の創設者のプロフィールは以下の通りである。まず岸本辰雄は一八五一（嘉永四）年に鳥取藩士の子として生まれた。その後、藩校尚徳館で蘭式兵法を修め、戊辰戦争に従軍したのち、一八六九（明治二）年に上京して箕作麟祥の共学社に入門している。翌年、貢進生として幕府開成所を引き継ぎ洋学教育の中枢だった大学南校に入学した。そして、一八七二年に司法省法学校に入校している。

宮城浩蔵は一八五二（嘉永五）年に天童藩御典医の子として生まれた。戊辰（ぼしん）戦争に従軍後、酒田でイギリス式の兵法を学ぶ。一八七〇年に上京後、岸本に続いて箕作の共学社に入塾し、貢進生に選ばれた。その後、岸本と共に大学南校、さらに司法省法学校に入校している。

矢代操は一八五二年に鯖江藩士の家に生まれた。一八六一年に藩校進徳館に入学し、翌年には武芸吟味に及第している。一八七〇（明治三）年八月に貢進生として上京し、やはり大学南校を経て司法省法学校に進む。

三人の出身藩であるが、岸本の出身である鳥取藩は三二万五千石の雄藩で、尊王攘夷論を主導した水戸藩主徳川斉昭（なりあき）の子である池田慶徳（よしのり）が最後の藩主だった。長州藩の尊王攘夷派に共鳴する藩士が多く、戊辰戦争では北関東や会津に転戦し、薩長両藩につぐ賞典禄を得ている。鳥取藩出身で明治政府に仕えた人物として、元老院議官河田景与（かげとも）、東京府知事松田道之（みちゆき）・神奈川県令沖守（もり）固（かた）などがあげられるが、明治期に閣僚を輩出することはなかった。

宮城の出身である天童藩（山形県天童市）はわずか二万石の小藩だが、藩主織田信学（のぶみち）は系譜上では織田信長の嫡流という名門だった。戊辰戦争に際しては、奥羽鎮撫（ちんぶ）総督から先導役を命じられたが、庄内藩の逆襲をうけ、名代を務めた吉田大八を切腹させて奥羽越列藩同盟に対応するという混迷に遭遇する。戦後、石高の一割にあたる二千石が削除された。宮城は吉田に近い人物だ

岸本辰雄

宮城浩蔵

矢代操

った。

矢代が属した鯖江藩（福井県鯖江市）も五万石の小藩である。幕末期の藩主間部詮勝は、公開庭園の嚮陽渓を築くなど名君とされ、天保期と安政期に老中に任じられた。ただ、安政の大獄に際しては通商条約調印への釈明を表向きの任務として上洛し、通商条約調印への天皇への不満を示した戊午の密勅に関わった勢力および、一橋慶喜の将軍継嗣を禁裏に働きかけた人物の摘発を陣頭指揮した。吉田松陰は間部の暗殺を企図し、このため斬首となった。しかし、一八六二（文久二）年に松平慶永ら旧一橋派が復権すると隠居謹慎となり、藩は一万石削減の処分を受けた。

三つの藩は、日本海側に位置するのと、強力な政治的基盤がないという点で共通している。

第一期生の優等生だった岸本辰雄・宮城浩蔵と小倉久（関西大学創設者）は一八七六（明治九）年に卒業すると、フランスに官費留学している。岸本はパリ大学法学部でフランス法学士号の学位を取得し、一八八〇（明治一三）年二月に帰国したのち、判事に任官した。宮城はパリ大学法学部からリヨン大学法学部に転学して法学士号を取得し、一八八〇年六月に帰国して大審院検事となっている。

なお、矢代操は岸本や宮城と異なってボアソナードからは「新入諸生徒ニモ及ハサル」成績と低く評価されたため、卒業後は司法省に採用されず、法律系出版社の時習社設立に参画し、さらに私立の法律学校である講法学舎で幹事を務めている。

明治法律学校の成立――仏法学の競合と法典論争

日本における私立法律学校は、大分県杵築出身の元田直が一八七四（明治七）年に開いた法律学舎が最初だったが、代言業（法律事務所）の機能も兼備し、七七年には代言業に特化していく。これに続いたのが、和歌山出身で本願寺派僧侶の北畠道龍が一九七六（明治九）年に設立した講法学舎だった。司法省法学校を卒業した矢代操は幹事として北畠に協力し、かつての同窓生で留学から帰国した岸本辰雄・宮城浩蔵を講師に招いている。

しかし、一八八〇（明治一三）年一一月中旬に、舎監大岡育造の運営方針に不満を持つ依田銈次郎ら学生十数名が集団退校するという事件が発生した。彼らは神田小川町の長屋で自主学習をしていたが、退校以前に学んだ岸本辰雄・宮城浩蔵に新しい法律学校の開校を懇願する。これに応じた岸本と宮城は矢代操を誘い、東京府に私立法律学校設置願いを提出して認可を得た。こうして一二月に「法理を講究し其真諦を拡張」することを標榜して明治法律学校が創立する。校地については、設置願いでは宮城浩蔵宅としていたが、講法学舎で事務を担当していた斎藤孝治

（のち、東京府会議長）が旧島原藩主松平忠和の協力を得て、麴町区の数寄屋橋近くにある旧藩邸跡を借用し、一八八一年一月一七日に開校した。

なお、創立期の講師たちは専任の教員ではなく、岸本は判事、宮城は検事、矢代は元老院出仕など官庁に本務を持っていた。三人のほか、創設に協力した西園寺公望も講義を担当した時期がある。こうして明治法律学校は、フランス法学を主体的とする法学校として発足した。

一八八六（明治一九）年に定められた私立法律学校特別監督条規により、帝国大学（現、東京大学）の監督下に置かれた私立法律学校は、専修学校（現、専修大学）・明治法律学校（現、明治大学）・東京法学校（現、法政大学）・東京専門学校（現、早稲田大学）・英吉利法律学校（現、中央大学）で、「五大法律学校」と呼ばれた。

明治前期に今日における弁護士の役割を果たしていたのが代言人だった。一八七六（明治九）年に司法省布達として代言人規則が制定され、代言人は司法卿の承認を要する免許制となった。さらに一八八〇（明治一三）年から代言人試験が実施される。私立法律学校が短期間にあいついで創設されたのは、代言人試験合格を志す青年が増えたためである。そして、明治法律学校の入学者が急増した背景には、高い合格比率と学費の安さがあった。

司法省法学校の影響を引き継ぐフランス法学系の学校としては、明治法律学校に先立って、一八八〇（明治一三）年四月に薩埵正邦ら代言人および司法省関係者によって東京法学社が神田区駿河台北甲賀町に設立され、翌年に東京法学校と改称した。一八八三年にはボアソナードが教頭に就き、「本校に於て政事に関する事項は一切之を講ぜず」と強調し、準官学系の色彩を強めている。

一方、明治法律学校は自由民権運動の影響を受けて校内で演説会が盛んに開かれ、「権利自由」を校訓としている。学生数増加により数寄屋橋の校地では手狭になり、一八八六（明治一九）年一二月に東京法学校と至近距離にある神田区駿河台南甲賀町に移転したが、これにより両校の競合は一層激化した。さらに一八八六（明治一九）年四月には、文部次官辻新次らによって神田小川町に東京仏学校が設立され、三つ巴の様相となる。

なお、司法省法学校は一八八四年一二月に文部省に移管され、さらに帝国大学法科に再編されたが、イギリス法学およびドイツ法学が台頭し、フランス法学は劣勢に立たされる。そうしたなかで、フランス法学系三校を統合する機運が生まれた。一八八九（明治二二）年に東京法学校と東京仏学校は合併して和仏法律学校となり、初代校長には司法次官の箕作麟祥が、教頭にはボアソナードが就いた。和仏法律学校は梅謙次郎らのもとで拡充され、やがて法政大学へと発展していく。一方、明治法律学校は合併に加わらず校風を堅持する。

この年に、ボアソナードを中心に起草された法典（民法・商法）を実施するか延期するかをめぐり「法典論争」が起こると、明治法律学校と和仏法律学校は一致して実施断行論を展開し、実施延期派であるイギリス法系の東京法学院（現、中央大学）と論戦を行った。当初はフランス法とイギリス法の学問的対立だったが、穂積八束が一八九一（明治二四）年に論文「民法出デテ忠孝亡フ」を『法学新報』に掲載したように、自由主義と国家主義の思想対立にまで発展する。しかし結果として法典は大幅に改訂され、延期論の勝利に帰した。

組織の拡充

創設者三人の情熱で基礎が固められた明治法律学校であったが、民法典論争のさなか、貴族院議事課長を務めていた矢代操が一八九一（明治二四）年に腸チフスのため三八歳で急逝した。さらに、法律取調報告委員として民法・商法・民事訴訟法などの草案作成に参画し、衆議院議員となっていた宮城浩蔵も、一八九三（明治二六）年に矢代と同じく腸チフスにより四〇歳で逝去する。山形市の千歳公園には、西園寺公望の篆額と中江兆民の撰文による「宮城浩蔵顕彰碑」が建てられている。

残された岸本辰雄は二名の想いを引き継ぎつつ学校の維持発展を期する。一八九〇（明治二三）年に大審院判事となるが、一八九二年に大審院長児島惟謙らとともに向島の料亭で花札賭博を行ったことが糾弾され（司法官弄花事件）、判事としての前途を喪失した。その後は弁護士に登録し、一八九七（明治三〇）年に鳩山和夫らと日本弁護士協会を設立し、東京弁護士会会長など法曹界の発展に尽力する。

この間、一九〇三（明治三六）年の専門学校令により明治法律学校は帝国大学に準ずる高等教育機関と位置付けられ、明治大学と改称することが認可された。岸本はそれをうけて「明治大学の主義」という演説を校内で行い、「学問の独立、自由を保ち自治の精神を養ひ、人格の完成を謀ること」が建学の精神であると唱えた。また、教育方針については「徹頭徹尾開発主義なり、自由討究主義なり」と、自主性の育成と「個」の成長を訴えている。一九〇五年には学校法人に組織を改めている。一九一一（明治四四）年には創立三〇周年を迎えた。岸本は一貫して校長の立場にあったが、その翌年の一九一二年四月に、自宅から大学に向かう市電の車中で脳溢血のため倒れ、六一歳で死去した。

しかし、大学は着実に発展していく。司法省法律学校出身のフランス法学主体という創設当時の傾向は、帝国大学法科大学出身でドイツ法学系の若手講師の比重が高まると共に総合化していく。また、「専門一科」から「専門諸科」を教授する「大学」としての実態を整えるべく、予科の設置に加え、「法律」・「政治」・「文学」・「商業」の四学部からなる専門科の拡充強化が構想された。

このうち「商業」については、志田鉀太郎（しだこうたろう）など東京高等商業学校（現、一橋大学）の教員たちの協力を得て、一九〇四（明治三七）年に私学としては最初の商学部が創設された。評議員には渋沢栄一も加わっている。もともと明治大学の学生は地方出身者が多かったが、商学部創設は地方の実業家の子弟に商学の専門知識と幅広い教養を融合させ、地元に還元する契機となり、今日にいたるまで地方経済界においては明治大学商学部出身者が強い存在感を発揮している。学内で「元祖の法」に対し、「看板の商」と呼ばれるゆえんである。

一方、「文学」については一九〇五（明治三八）年に文学研究会が設置され、夏目漱石や上田敏などそうそうたる講師陣を得て、一九〇六年九月に文学部が発足した。しかし入学者が十分に得られず、第一回卒業生を送り出した一九〇九年に学生募集を停止している。

「政治」については、一八八六（明治一九）年には法律学部・行政学部の二学部制となっており、二年後に政治学部に改めたものの一八九三（明治二六）年に廃止された。一九〇四年に政学部として復活したが、一九一二年に政治経済科として法学部のもとに置かれる。

なお、校地は一八八六（明治一九）年以来の駿河台南甲賀町に加え、一九〇三年に神田錦町にも敷地を確保して分校としていたが、一九一〇（明治四三）年に南甲賀町の小松宮邸跡を確保し、一九一一年一〇月に校舎新築落成移転式および創立三十周年記念祝典が明治大学記念館で挙行された。これが現在の明治大学駿河台キャンパスの原型となる。

二〇世紀にはいると、中国や朝鮮から専門的に学問を学ぶため、多くの留学生が来日した。明治大学もこれに対応して一九〇四（明治三七）年に経緯学堂を錦町校舎に設置している。ただ、日本国の教育機関が整備され、専門部への入校を希望する傾向が強まると入学者が激減し、一九一〇年に閉鎖された。経緯学堂は短期で役割を終えたが、明治大学は早稲田大学に次いで多くの留学生を受け入れ、周恩来をはじめ中国・朝鮮の現代史に関わる人物が明治大学に多く足を運んでいる。

大正デモクラシー期の明治大学

原敬内閣は一九一八（大正七）年に大学令を制定し、帝国大学以外の公立・私立専門学校も正式に大学として認可することとした。ただし、財団法人であること、教育に必要な設備を有すること、経営を維持する基本財産を国に供託することが条件だった。財政難だった明治大学は校友（卒業生）に募金を呼びかけて供託金をなんとか確保し、一九二〇（大正九）年四月一日に慶應義塾大学・早稲田大学に続き、法政大学・中央大学・日本大学・國學院大学・同志社大学とともに私立大学として認可された。

大学令による認可を受けた当時の明治大学は法・商の二学部制で、政治経済科は両学部の分属とされ、学部への昇格が見送られた。まだ学生数が少ないうえ、新学部設立には供託金一〇万円を国庫に納付する必要があり、大学側が消極的だったからである。

学生たちは教室不足による合併授業など大学に多くの不満を抱いていたが、一九二〇年一二月一日に新学部設置への消極性に反発した政治経済科の学生たちを中心に集会が開かれ、学長木下友三郎と学監田島義方に退陣を勧告する決議を行った。これに対して大学は中心的な学生八名を放校処分とし、学生を扇動したとして植原悦二郎・笹川臨風（りんぷう）両教授を罷免する。この措置はかえって学生運動を激化させ、結局は校長退陣要求と学生処分の双方が取り下げられて引き分けとなった。しかし、文部省は一九二一（大正一〇）年四月二八日に植原の復職を認めない決定を下す。植原は国民主権論を説き、犬養毅が代表の革新倶楽部に属する衆議院議員でもあった。学生の運動は文部省が相手という前代未聞の展開となり、五月一六日には約二〇〇〇名の学生が文部省に押し寄せ、植原教授の復職、学問の独立・自由の保証、私学圧迫の撤回などを要求している。一八日には各私立大学連合大演説大会が記念館で挙行された。大学側は一三名を放校処分とし、学生側は同盟休校で対抗した。五月三〇日には記念館に籠城する学生と警官隊が衝突する事態となる。この結果、木下友三郎学長が辞任し、前大審院長の富谷鉎太郎が学長に就任している（植原・笹川事件）。

こうした混乱をみたものの、国庫への供託金一〇万円は分納が政府に認められ、一九二五（大正一四）年七月二八日に政治経済学部の設置が認可され、九月に開講された。

大学令以降、大正デモクラシー期の開放的世情と高等教育の拡充にともない、さまざまな学生文化が展開していく。明治大学でも隅田川端艇レースの応援には校歌が必要という声が盛り上がり、武田孟（後、総長）、牛尾哲造、越智七五三吉の三人が発起人となって木下学長と交渉し、後援を得る。作詞は児玉花外が引き受けた。さらに作曲については国内外で声望のある山田耕筰に依頼している。山田は応援団の校歌練習を指導するなど熱意を示し、一九二〇（大正九）年一一月の明大ハーモニカ・ソサエティ結成演奏会でお披露目となった。

「白雲なびく駿河台　眉秀でたる若人が　撞くや時代の暁の鐘」と歌いだされる明治大学校歌は、屈指の名曲として学生・校友たちに今日も誇り高く歌い継がれている。

なお、昭和期を代表する歌謡曲作曲家で、のちに明治大学第一応援歌「紫紺の歌」を作曲する

1928年に竣工した明治大学記念館は復興の象徴となった

古賀政男は、当時の学内の雰囲気について次のように回顧している。

私は明治大学の商学部予科に入学した。大正一二年の四月のことであった。その頃の明大の試験は比較的容易であったのと、商業学校出身の私には、ほかに適当な学部はなかったからだ。明大に入ると、私はマンドリン・クラブの創設に取りかかった。当時の明治大学の校風は明治時代の自由民権派の書生気質をそのまま残していて、バンカラの標本のようにいわれていた。ストライキなども全く朝飯前のことで、「白雲なびく駿河台」に暗雲がたれこめることも珍しくないことだった（『自伝 わが心の歌』展望社、一九八二）。

古賀が入学した一九二三（大正一二）年九月一日に発生した関東大震災は、ようやく整った明治大学の施設に、東京の私学中「最高の被害」を与えた。しかし帰省先から戻った学生たちは自主的に瓦礫を撤去し、バラック校舎での授業に耐え忍んだ。

学生スポーツの中軸

明治大学は、ラグビー「早明戦」に示されるようにカレッジ・スポーツの中心的役割を担う大学の一つとなっており、校訓の「権利・自由・独立・自治」とともにラグビー部の標語「前へ！」が校風を示すキーワードとなっている。明治大学における体育会運動部の発足は、一九〇五（明治三八）年における、端艇部・柔道部・剣道部・相撲部・硬式庭球部の五部だった。日本古来の武術に由来する武道と、欧米に端を発する近代競技の融合という、大学スポーツを象徴するかたちでの成立であった。しかし設立当初は覇気が欠けていたようで、岸本校長は一九〇七年に『明治学報』第一一九号で、「我運動部の生まれ出たこと丈（たけ）は良いが、いつまで経ても成人しない」、あるいは「野球団の影なく、ホンの形ばかりなる庭球はもとより振はぬ、撃剣柔道の道場は閑たり閴（しず）たり」と酷評している。ただ、一九一〇年代以降は部の創設が急増し、全体の競技成績も向上していく。

岸本校長が「野球団の影なく」と嘆いた野球は、すでに一九〇三（明治三六）年に早慶対抗戦が発足していたが、応援をめぐる対立から決裂し、特に慶應側が意地を張って一九〇六年から中断されていた。明治大学では一九一〇（明治四三）年にようやく野球部が創部され、翌年から早稲田・慶應との対抗戦を開始し、一九一四年に三校によるリーグが設定される。リーグには法政大学（一七年）、立教大学（二一年）、東京帝国大学（二五年）が加わり、一九二五（大正一四）年に東京六大学野球リーグが結成された。その後も早慶戦は中断されていたが、明治の内海弘蔵部長と法政の武満国雄監督の仲介で一九年ぶりに再開する。

体育会創設時の五部に続いて、一九〇七年に競走部が創部された。一〇年後には沢田英一が日本陸上競技選手権大会に出場して二五マイル走で優勝するなど、強豪校としての立場を固める。一九一九（大正八）年には札幌東京間マラソンを企画して出口林次郎とともに走破している。沢田はこの年の一〇月に、ストックホルムオリンピック（一九一二年）のマラソン代表で東京高等師範学校（現、筑波大学）出身の金栗四三、東京高等師範学校教授野口源三郎と、長距離ランナー育成法として駅伝競走が有効と意見が一致し、一九二〇（大正九）年二月一四日に東京箱根間往復大学駅伝競走が開催された。ただ、長距離ランナーを一〇人揃えられる大学はまだ少なく、第一回は東京高等師範学校・明治大学・早稲田大学・慶應義塾大学の四校のみで実施される。ただ、この大会が刺激になって第二回には中央大学・法政大学・東京農業大学が加わり、「箱根駅伝」として今日まで継続している。

東京六大学野球および箱根駅伝のスタートに明治大学が深く関与したことは体育会全体の発展につながり、ラグビーやサッカー、柔道、卓球、スキーなど多くの部で、オリンピック金メダリストなど名選手を輩出している。

伝統から新たな展開へ

関東大震災からの復興を遂げた明治大学は、時代を先取りしつつ特色を示していく。当時の国内では女子高等教育の展開が遅れていたが、一九二五（大正一四）年に女子聴講生を受け入れ、さらに一九二九（昭和四）年には専門部女子部が開校する。その結果、中田正子など多くの女性法曹家を輩出することとなる。専門部女子部は系統的には戦後の明治大学短期大学（二〇〇七年廃止）につながっていく。

創立五〇周年を迎えた一九三一（昭和六）年になり、短期間で募集停止となった文学部を復興しようという機運が強まり、一九三二年四月に文芸科・史学科・新聞高等研究科からなる文科専門部として再興された。初代の文科長には大審院判事の尾佐竹猛が就いた。文芸科の初代科長は有名作家の山本有三で、「古典研究や外国語は他の文科大学に委せ主として現実の生活に即した文学に力をそゝぐ」と「生きた文学の味得」を旨趣とし、菊池寛や小林秀雄らが授業を担当した。史学科は東京帝国大学史料編纂官の渡辺世祐が初代科長となり、演習を基礎とする指導を重視する。文芸科はのちに文芸科と演劇映画

都市型キャンパスを象徴するリバティタワー

科に分かれている。史学科は地理歴史科に改組され、旧制中学の地理教員育成に対応した。

こうした積極的改革にともなう学生数増加により駿河台は手狭となり、予科を拡充させるため郊外移転が図られる。そして、京王電鉄社長で明治法律学校出身の井上篤太郎（とくたろう）からの支援を得て、代田橋陸軍火薬庫跡に校地が確保された。一九三四（昭和九）年に和泉（いずみ）予科校舎が竣工し、今日の和泉キャンパスの原型となる。翌年には京王線松原駅を帝都線（現在の京王井の頭線）西松原駅まで移動させ、明大前駅と改称した。しかし、すでに戦火の暗雲が漂い、やがて勤労動員・学徒出陣を迎える。

終戦後、一九四九（昭和二四）年二月二一日に明治大学は新制大学として認可された。法・商・政経・文に加えて、理工学部・農学部からなる六学部の体制となり、生田キャンパスの確保、経営学部新設など拡充が進められた。この間、激しい学生運動など多くの課題を抱えたが、平成の時代に入り、都市型キャンパスを象徴するリバティータワーの竣工（一九九八年）、情報コミュニケーション学部・国際日本学部・総合数理学部の設置、刑事・商品・考古の三部門を統合した明治大学博物館開館など、時代に合わせた拡充を遂げた。この結果、現在は大学入試で全国トップクラスの志願者数を得るに至っている。

2　年史編纂事業

百年史と明治大学史資料センター発足

明治大学による校史編纂は、一九六一（昭和三六）年の『明治大学八十年史』が最初だった。一九六二年に、広報課内に歴史編纂資料室が設置され、大学史資料の調査、収集・整理、保存が進められていく。一九七七（昭和五二）年には、創立一〇〇周年をひかえて『明治大学百年史』の編纂が計画され、歴史編纂専門委員会が設けられた。そして、研究成果を発表する学術誌として『明治大学史紀要』（一九八一年三月、第一号刊行。九七年に『大学史紀要　紫紺の歴程』と改題）が刊行される。『明治大学百年史』は一九九四（平成六）年一〇月に全巻の刊行を終えた。百年史完結後も大学史関係資料の調査・収集・保存・研究は継続され、さらに企画展示も行われている。二〇〇三（平成一五）年四月一日には明治大学史資料センターが発足し、機能を強化した。二〇〇四年三月に駿河台アカデミーコモンが竣工すると、明治大学博物館の一角に常設の大学史展示室が置かれる。

発足後の明治大学史資料センターが重点を置いたのは、尾佐竹猛関連の資料収集および研究で、それらは『尾佐竹猛著作集』（ゆまに書房、二〇〇五～二〇〇六年）および、『尾佐竹猛研究』（日本経済評論社、二〇〇七年）として結実した。

尾佐竹猛（一八八〇～一九四六）は、旧金沢藩下級藩士の子として生まれ、一八九六（明治二九）年に明治法律学校に入学した。三年後に首席で卒業し、一九〇〇（明治三三）年に判事検事登用試験に及第する。その後、福井地裁、東京地裁、東京控訴院などを経て、一九二四（大正一三）年に四四歳で大審院判事となる。尾佐竹はこの間に憲政史や犯罪史の検討をすすめ、一九二四年に吉野作造・宮武外骨らと明治文化研究会を組織し、『明治文化全集』の刊行をすすめた。また、陪審制度や普通選挙を推進するなど、大正デモクラシー期を象徴する文化人であった。一九二五（大正一四）年一〇月、『賭博と掏摸（すり）の研究』を、さらに一二月には『維新前後に於ける立憲思想』を刊行した。このほか『幕末遣外使節物語 夷狄（いてき）の国へ』など外交史や『新聞雑誌之創始者 柳河春三（やながわしゅんさん）』などメディア史にも視座がおよんでいる。学内においては明治大学文学部の前身である専門部文科の設立にも尽力した。明治大学で日本近代史を担当した最初の教授と位置付けられている。

多彩な人材山脈

明治大学が輩出した、官学アカデミズムが扱わない領域を開拓した歴史学者として、センターが続いて足跡を検討したのは木村礎（もとい）（一九二四～二〇〇四）で、成果は『木村礎研究――戦後歴史学への挑戦』（日本経済評論社、二〇一四年）として結実した。木村は前近代においては日本人の九割が村落に居住していたことを重視し、現地調査と史料の熟覧、地方史の重視という日本史学専攻の方向性を構築した。学内では一九八九年から一九九一年まで学長を務めている。

大学史資料センターはこのほか、自由法曹団の初期メンバーで『地震・憲兵・火事・巡査』（解放社、一九二四年）を著して関東大震災当時の朝鮮人虐殺を糾弾し、昭和戦後も松川事件や三鷹事件の弁護団に加わった山崎今朝弥（けさや）、二重橋爆弾事件（一九二四年）の金祉燮（キムジソブ）や無政府主義者の朴烈（バクヨル）など朝鮮独立運動活動家の弁護を積極的に担当した布施辰治（たつじ）に代表される人権派弁護士。さらに明治大学が生んだ最初の総理大臣である三木武夫（一九三七年法学部卒）の軌跡にも検討を加えている。

明治大学は多彩な人物を輩出している。小田急創設者の利光（としみつ）鶴松や初代日本商工会議所会頭藤田謙一など財界人、子母澤寛（しもざわかん）・五味康祐（やすすけ）・倉橋由美子など文学者、岡本喜八や五社英雄といった映画人、ラグビーの北島忠治（ちゅうじ）・野球の島岡吉郎（きちろう）などスポーツ指導者、高倉健・松原智恵子・田中裕子など演劇人、北野武などタレント、阿久悠・宇崎竜童・阿木燿子（あきようこ）といった音楽関係者など枚挙にいとまがない。また、杉原荘介（すぎはらそうすけ）・後藤守一（しゅいち）・大塚初重（はつしげ）・戸沢充則（とざわみつのり）らを輩出した文学部考古学専攻など、学術分野の中枢となっている部局も少なくない。それらの多彩な「人材山脈」と日本の近現代の歴史をどのように結びつけるかは、まだ今後の課題といえよう。

参考文献

別府昭郎『明治大学の誕生　創設の志と岸本辰雄』（学文社、一九九九年）
軍司貞則『おお、明治――白雲なびく校歌誕生物語』（駿台倶楽部、二〇〇〇年）
加来耕三『明治大学を創った三人の男』（時事通信社、二〇一〇年）
明治大学史資料センター編『明治大学小史』（学文社、二〇一一年）
吉田悦志『明治大学文人物語　屹立する「個」の系譜』（明治大学出版会、二〇一六年）

第9章　早稲田大学一五〇年史【一八八二年一〇月創立】

真辺将之

1　早稲田大学の歴史

創設者大隈重信と明治一四年の政変

早稲田大学の創設者大隈重信は、一八三八（天保九）年二月一六日、佐賀城下に、佐賀藩士の子として生まれ、王政復古後、明治政府の徴士・参与に選ばれ、まずは外交の分野で活躍し、頭角をあらわすことになる。その後、財政の分野へと転じ、一八七三（明治六）年一〇月には参議兼大蔵卿に就任、通貨の統一、予算・決算の制度化、会計検査院の設置、国立銀行制度の創設、官営企業による殖産興業政策推進など、近代資本主義国家の確立に尽力し、のちには二度にわたり首相を務めた（真辺将之『大隈重信』）。

大隈が学校を設立するきっかけとなったのが、明治一四年の政変である。一八八一（明治一四）年三月、当時参議を務めていた大隈は、政府に憲法意見書を提出、翌年の憲法制定と二年後の議会の開設、そしてイギリス流の政党内閣制の導入を主張した。こうした急進的な意見は参議や大臣を驚かせ、大隈が福沢諭吉らと結託して陰謀を企てているのではないかの疑いを政府部内に惹起した。その後、北海道開拓使官有物を民間に安価で払い下げることが決まると、都下のジャーナリズムを中心とする世論の猛反発が起こるが、その反対運動の担い手に慶應義塾関係者が多かったこと、これ以前に大隈と親しい三菱が払下げを願い出て却下されていたことなどから、大隈が福沢や三菱と結託して政府転覆を企てているという噂が流布された。その結果、同年一〇月一〇日、大隈の政府からの追放が決定され、一二日に、開拓使官有物の払下げ中止、一〇年後に国会を開設する旨の詔勅が発布された。これがいわゆる明治一四年の政変である（ただし大隈の陰謀なるものは事実ではなかった。真辺将之「明治一四年の政変」『明治史講義【テーマ篇】』ちくま新書、二〇一八年）。

政変で大隈は政府を追放されたものの、それと引き換えに政府は一〇年後の議会開設を決定した。政変後も大隈は、政党政治の確立という理念を持ち続け、立憲政治を担う政党や人材の育成を急務と考えるようになる。そして政変で下野した官僚や都下の知識人を中心に一八八二年四月に立憲改進党を結成し、ついで、学校を設立するに至るのである。

学校の実務担当者

早稲田大学の前身である東京専門学校を創設するにあたって、実務を担ったのが小野梓(あずさ)であった。小野は、一八五二（嘉永五）年、土佐国（高知県）宿毛(すくも)に生まれた。維新後、アメリカ・イギリスに留学し、財政と法律を研究し、欧米の立憲政治に深い感銘を受けて、一八七四年に帰国した。一八七六年に政府に出仕、やがて参議大隈重信の目にとまり、大隈の政治的ブレーンとしても活動したが、政変によって大隈とともに下野することとなる。

学校設立が具体化するのは一八八二年七月に入ってからであった。その頃大隈の養子・英麿がアメリカで天文学を学んで帰国しており、大隈重信は、早稲田の別邸に英麿を講師とする理科系の小さな学校を設立することを考えていた。そうしたなか、小野梓が、当時小野の周囲に集まり「鷗渡会」と称するグループ（小野の邸宅が隅田川岸の「鷗の渡し」付近にあったことに起因する）をつくっていた東京大学の学生たちを大隈に紹介する。後に学校講師となる高田早苗・岡山兼吉・市島謙吉・山田一郎・砂川雄峻・山田喜之助・天野為之といった人々である。東京大学で政治学や経済学を学んだ若手を得た大隈は、これらの人物を講師に据えることで、理科系だけでなく、政治・経済・法律を教授し、立憲政治を担う人材を育成しうる私立学校の設立へと、その構想を拡大させたのであった。

学校設立は急ピッチで準備が進められ、一〇月二一日、東京専門学校は政治経済学科・法学科・理学科の三学科構成で開校式を迎えた。当時都下に多くの私立法律学校が開校していたが、東京専門学校は法律学科とは別に、政治学と経済学とを組み合わせた学科を作ったところに特色があった。現在に至るまで政治経済学部が学校の看板学部とされるのも、ここに由来する。

政変後ほどないこともあり、この学校は西郷隆盛の私学校のごとき謀叛人養成所ではないかという疑いを持つ者もいたため、大隈重信は役員に名を連ねず、校長は養子の英麿が務めた。講師として講義を担当したのは、前述した高田早苗ら鷗渡会の面々であった。なお、私立学校のなかで、一定数の専任教員を創設時から確保していたのは東京専門学校や慶應義塾などに限られ、他の学校の多くは、講師のほとんどを東京大学教員や官吏らの兼務に頼っていた。神田近辺に私立専門学校が集中していたのもこうした事情による。東京専門学校が都心から離れた場所で学校経営をなしえたのには彼ら講師たちの存在が大きかった。

学校幹部としては、議員(評議員)に鳩山和夫・成島柳北(なるしまりゅうほく)・小野梓・矢野文雄・島田三郎、幹事には秀島家良が就任したが、講師も含め学校関係者のほとんどが立憲改進党と関係を有するものであった。とはいえ、この学校は同党の党員養成所として設立されたわけではない。そのことは、開校式において小野梓が宣言した「学問の独立」という言葉に示された。

学問の独立

「学問の独立」には二つの意味が込められていた。第一の意味は、外国の学問からの日本の学問の独立、である。小野は、開校式での演説において、日本には外国の受売りの学問しかなく、学問を自国に根付かせて自ら新たな見地を打ち出すことができていないが、それは外国の文章・言語によって教育を行っていることに根本原因がある、と述べた。当時、日本で唯一の大学であった東京大学では英語によって授業が行われており、また他の私立学校などでも教科書は洋書を用いることが多かった。学生は言語の勉強から始めなければならず、学問の蘊奥(うんのう)に達するまでに時間がかかるため、結果として外国の学問の受け売りに終わることにつながっていると小野は考えたのである。こうした観点から、東京専門学校は、高等な学問を、外国語ではなく、日本語を用いて教授するという方法を打ち出した。つまり日本語による速成教授というのが「学問の独立」の第一の具体的内容であった。

さらに、「学問の独立」の理念にはもうひとつ、政治権力からの学問の独立という意味があった。先ほど述べたように、学校関係者はほとんどが立憲改進党関係者であった。しかし、小野は、立憲改進党はもちろん、それ以外のあらゆる政治権力から学問は独立すべきであり、決して党員の養成などは念頭においていないと明言した。そして小野は、こうした理念は自分ひとりではなく、大隈をはじめ創立関係者に共通の理念であると述べている。創立者の大隈重信は、多大な金銭を出費していながら、自らの政治的立場と学校との関係との誤解を避けるべく学校の開校式にはあえて出席せず、その後も学校の運営についてはすべてを講師ら実務担当者に委ね、教育内容に関しては一切干渉しなかった。

なお、東京専門学校が日本語による速成教育を打ち出したことに対して、その翌年、文部省は東京大学が講義を日本語で行うように変更することを決定した。この後、日本語速成教育は早稲田のオリジナリティを象徴するものではなくなる。「学問の独立」の第一の意味は次第に失われ、第二の政治権力からの学問の独立という意味がクローズアップされていくことになる。特に、在籍する学生たちは、この政治権力からの独立という理念を、改進党員の養成機関ではないことの宣言というよりも、時の政府からの圧迫に屈しない反骨精神の表現として受け取ることが多く、「学問の独立」の語はこの意味を付加して、後年に受け継がれていくことになる。

大学への成長

前述したように、東京専門学校は、政治学と経済学を組み合わせて政治経済学科を構成した点に大きな特徴があった。そして講義においては、英米系の学説を参照しているものが多かった。政治学や憲法関連の科目では、議会政治とその運営における政党の役割について分析が加えられることが多く、経済学関連の科目では、イギリス古典派経済学に依拠した自由主義的な視点から、国家よりも社会を基盤とする分析を加えていることが特徴的であった（真辺将之『東京専門学校の研究』）。

こうした学科構成やカリキュラムの作成のモデルになったのは、講師たちの出身校であった東京大学であった。当初、東京大学は文学部において政治学・理財学（経済学）を講義しており、東京専門学校のオリジナリティはそれを日本語で教授するという点にあったが、皮肉にも、東京専門学校設立とほぼ時を同じくして、東京大学はドイツ流の学問へと急旋回を始め、また政治学・理財学も法学部で講じられるようになる。その結果、はからずも東京専門学校のイギリス流政治学・経済学に基づく政治経済学科のカリキュラムは、東京大学に対する内容的な独自性を示すものとなった。

東京専門学校は、政府当局者の警戒対象であり、開校当初は有形無形の圧力が加えられた。幹事の秀島家良は「開校後第一に困難を感じましたものは、政府及び反対党の妨害で、東京専門学校は創立の当初建学の趣旨として夙に学問の独立を標榜し、断じて政党政社に関係なきことを声明しましたに拘はらず、政府も反対党も手を換へ品を換へて種々の妨害を加へ、学校に於いては、教場といはず、寄宿舎といはず、間諜様の者が入込み居りまして、機会だにあらば騒擾を醸し、開校の翌年の如きは、百二十八名の多数者に一時に退校を命ぜざるを得ざるに至りました。」と述べている（山本利喜雄編『早稲田大学開校東京専門学校創立廿年紀念録』早稲田学会、一九〇三年）。

一八八三年には、東京大学教授や判事検事が私立法律学校へ出講することが禁止され、同年一二月には徴兵令改正により、徴兵猶予が官公立学校に限定されて、東京専門学校をはじめ各私立学校は大量の退学者を出す結果となった。この徴兵令の改正は、学校経営に対しても大打撃を与え、一八八四年七月から、講師の給与を一割天引きして学校に寄附するという制度が敷かれることになった。

こうした苦境のなか、理工科は土木工学科に改組ののち、一八八五年に廃止された。大隈は雉子橋の大隈本邸を売却し、また高利貸の平沼専蔵に借金するなどして、金銭的援助を続けた。とはいえ、「学問の独立」を掲げる学校が、大隈という特定個人にいつまでも金銭を頼っていてはならないという高田早苗の主張もあり、学校は学費値上げを断行、滞納者には停学を命じる代わりに、学科用の原書を、大隈の資金援助によって学校で大量に買い上げて、学生たちに無償で貸し出すなどの対応策もとられた。

大学への発展

一八八七年に大隈重信は外務大臣として政府に復帰するが、この頃から政府の敵対的態度も和らぎ、また学校当局者の尽力もあって経営は次第に軌道に乗っていく。一八九〇年には、坪内逍遥が中心となり文学科を創設、第一期卒業生から有能な人材を輩出し、政治経済学科と並ぶ早稲田の看板学科として存在感を持つようになる。

1890年頃の東京専門学校（早稲田大学歴史館所蔵）

こうして体制を整えた東京専門学校は、創立から二〇周年の一九〇二年、学校の名称を「早稲田大学」へと変更した。法的には専門学校のままであったが、この前年には高等予科（修業年限一年半）を設置しており、大学部での原書講読のための予備教育を行いはじめた。同年一〇月一九日、創立二〇周年記念式とあわせて早稲田大学開校式が挙行されるが、この式典において、かつて明治一四年の政変で大隈を政府から追放した張本人の伊藤博文が演説を行い、創設当初「此東京専門学校を以て政党拡張の具となさんとするもの丶如く誤り見たるものが多い」が、それはまったくの誤認であり「大隈伯爵は政治教育共に熱心であるが、素より政治と教育の別を知つて居られる。学校教育の事業は之を政治の外に置き、教育機関を濫用して党勢拡張の具とするの策は断じて取られなかつた事は明かに認める」と明言した（前掲山本利喜雄編『早稲田大学開校東京専門学校創立廿年紀念録』）。この演説は伊藤の「懺悔演説」と呼ばれ、学校関係者を喜ばせた。また式典において、創設以来学校経営の実務を担ってきた高田早苗学監が、「実用的人物」と「模範的国民」の育成という教育方針を述べたが、これはのちに一九一三（大正二）年、「学問の独立」「学問の活用」「模範国民の造就」の三つの理念を盛り込んだ「早稲田大学教旨」として明文化されることになる。

1932年の早稲田大学全景（早稲田大学歴史館所蔵）

早稲田大学はこの翌年高等師範部（教育学部の前身）を、また一九〇四（明治三七）年には大学部商科を、さらに一九〇九年には理工科を設置し、文字通りの総合大学化を遂げた。戦前の私立大学において文理双方の学部を揃え総合大学と呼べる規模を備えていたのは早稲田大学や慶應義塾、日本大学などに限られるが、慶應義塾が初の理系学部として医学科本科を設置するのはこの九年後の一九一八年である。その後一九一九年に大学令が施行されると、翌年には早稲田大学は制度上も正式な大学として認可されることになる。以後も大学は拡大を続け、早稲田大学と改称した一九〇二年に二三七六人だった在籍者数（予科を含む）は一九一三年に六六四二人（一九〇二年の約二・七倍）、一九一九年に一万一二五四人（約四・七倍）、一九二八年に一万五二九八人（約六・四倍）、一九四〇年には二万三三六九人（約一〇倍）に増える。多くの私大は戦後に大規模化を遂げているが、早稲田大学は、慶應義塾などの有力私学とならんで、昭和初期までに一定の大規模化を遂げていた点に特色がある。

学生活動の隆盛

早稲田大学の歴史的な特色は、学生活動の活発さと多様さにあるとよく言われる。特に戦前において「学問の独立」の理念は、学生の間に反骨精神と自主的・自治的気風の尊重という形で受け継がれ、学生たちは、自由と独立の気風を重んじ、政治や討論に熱心に打ち込み、学内には多数の学生団体が存在、「早稲田にはストライキが附き物で、創立以来何かといふと直ぐにストライキをおつぱじめる。少し気に喰はないことがあるとすぐに騒ぎ、教授や理事の勢力争ひなどが少しでも表面に出ると、もう黙つてはゐない」（大村八郎『帝都大学評判記』三友堂書店、一九三四年）というように、早稲田は都下の大学のなかでも、特に学生や卒業生、さらには教職員の政治運動の活発さにおいて知られた。

しかしそれは大学騒動の多発にもつながった。一九一七年に発生した早稲田騒動は特に有名である。この騒動は、高田早苗学長が第二次大隈内閣の文部大臣に就任するにあたって、学長職を天野為之に譲ったが、その後天野の行政手腕に対して学内に不満がたまったところへ、高田早苗を学長に復帰させる動きが出たことがきっかけとなり起こった騒動であった。早稲田大学がジャーナリズムに多数の人材を輩出していたこともあり、この騒動は各メディアで報じられ、学内だけでなく学外を巻き込む大事件に発展、多くの若手俊秀教員が早稲田を去り、その後の学校経営に長く影を落とした。

これ以外にも、学生が反軍ビラを撒き退学処分となった「暁民共産党事件」（一九二一年）、軍事研究団の結成に対し、反軍国主義を唱える学生たちが反発、両者が乱闘し解散させられた「軍事研究団事件」（一九二三年）、政党の委員長に就任した大山郁夫の教授解任をめぐり、学生たちが反抗し処分された「大山事件」（一九二七年）、ロシア革命記念講演会を学校に無断で開催した学生が退学させられ社会科学研究会が消滅に追い込まれた事件（一九二七年）、早慶野球戦入場券の配布方法をめぐって学生が学校当局に反抗した「早慶野球戦切符事件」（一九三〇年）ほか、大正期から昭和初期に多数の学校紛擾が起こっている。

学生運動でスプレーをかけられた大隈重信銅像（1969年5月9日、時事通信社）

創設当初は学校当局と学生が一体となって政府の圧迫に対抗する姿が見られたが、昭和初期には学校当局は学生の政治活動を抑えることに懸命となっていた。その後の戦時体制下においては学生運動は鳴りを潜め、「学問の独立」の理念が学内で唱えられることはほとんどなくなり、教旨のうち「模範国民の造就」ばかりが呼号されるようになった。教員の著書の発禁など学内教員に圧力がかけられる事件も相次ぎ、学校幹部は学校をいかに維持していくかに注力するあまり、時局に迎合する傾向を強く持つようにもなる。一九四三年、出陣学徒のために提案された「最後の早慶戦」を、慶應義塾の小泉信三塾長が後援したのに対し、田中穂積総長をはじめとする早稲田大学当局は最後まで開催を承認しなかったことなどはそれを象徴している。外部政治権力からの「学問の独立」を誇ったかつての姿はなかった。

戦後の早稲田大学

戦後改革により、日本の教育制度は大きく変更され、従来の大学、高等学校、専門学校、師範学校などはすべて統合再編され、四年制の「新制大学」になった。「早稲田大学教旨」は廃止も含め議論されたものの、一部字句を削除して存続することになり、再び「学問の独立」が理念として謳われるようになる。他方「模範国民」の語は、戦後には一転して古めかしいものと考えられて使用は減り、現在の大学ホームページ上の解説ではこれを「世界へ貢献する人」として解説している。

新制大学としての早稲田大学は従来の学部・学科を再編して一一学部体制で出発する。特に、政治経済学部・法学部・商学部・文学部・理工学部に、夜間学部たる第二学部が設置され、勤労学生に学問の場を与えたことは特筆される。しかしながらのちに勤労学生以外の志願者が増え本来の役割を果たさなくなり、一九六〇年代後半以降第二学部は順次廃止されていった。その後、一九八二年に創立一〇〇周年を迎えると、その記念事業の一環として一九八七年に新しく所沢キャンパスが開設されて人間科学部が設置される。九〇年代以降、多数の大学院研究科や学部が設置されて組織が複雑化したこともあり、二〇〇四年九月からは、全ての学部・研究科が一〇の「学術院」に統合され、学内の意思決定が学術院教授会単位で行われることとなった。現在の学術院は次の通りの構成となっている。

政治経済学術院（政治経済学部、政治学研究科、経済学研究科、公共経営研究科）
法学学術院（法学部、法学研究科、法務研究科）
文学学術院（文化構想学部、文学部、文学研究科）
教育・総合科学学術院（教育学部、教育学研究科、教職研究科）
商学学術院（商学部、商学研究科、経営管理研究科、会計研究科）
理工学術院（基幹理工学部、創造理工学部、先進理工学部、基幹理工学研究科、創造理工学研究科、先進理工学研究科、国際情報通信研究科、環境・エネルギー研究科、情報生産システム研究科）

社会科学総合学術院（社会科学部、社会科学研究科）
人間科学学術院（人間科学部、人間科学研究科）
スポーツ科学学術院（スポーツ科学部、スポーツ科学研究科）
国際学術院（国際教養学部、国際コミュニケーション研究科、アジア太平洋研究科、日本語教育研究科）

2　年史編纂事業

編纂事業の開始まで

早稲田大学の年史として、現在存在するもっとも浩瀚（こうかん）なものは、『早稲田大学百年史』全八巻である。創立一〇〇周年記念事業の一環として編纂が開始されたが、一九八二年の一〇〇周年の時点では第二巻までしか刊行することができず、完結したのは一九九七年七月であった。編纂の実務を担った大学史編集所は、完結の翌一九九八年に大学史資料センターに改組され、年史編纂機関からアーカイブズとしての性格を持つようになる。

大学史資料センター（当時）では、二〇〇四年から『大隈重信関係文書』全一一巻の刊行を開始するが、二〇〇〇年代末にその完結が視野に入り始めたころから、『百年史』編纂に携わった人々を対象に新たな年史編纂に関するヒアリング調査を開始した。調査のきっかけは、早稲田より二四年早い二〇〇八年に一五〇周年を迎えた慶應義塾の福澤研究センター関係者との談話であった。すなわち、慶應義塾では、近年の大学機構の多様化・複雑化のために、一五〇年史編纂の話が出た頃にはすでに時期的に編纂が間に合わないと判断せざるをえず、資料集の刊行のみを行うことにしたと聞いたのである。これを受け、早稲田大学においても早い段階から準備をしなくては手遅れになると判断したのであった。

ヒアリングの結果、関係者は一様に、『百年史』は戦後部分が手薄であり、戦後の学生運動や不祥事などについてしっかりと記述できなかった憾（うら）みがあるとの思いを持っていることが明らかになった。また編纂をきっかけとする史料調査・保存の観点からも、この機会にしっかり年史編纂を行うべきだという意見が多かった。アーカイブズとして大学史資料センターは設立されたものの、学内の文書サイクルは確立しておらず、大学の行政文書も自動的には移管されず、個人からの寄贈史料に大きく頼っているのが現状である。こうしたなかでは、年史編纂を理由とする史料の調査と保存の働きかけを行わなければ、多くの史料が二〇〇周年の頃には散逸してしまっているだろう、ということであった。

以上の意見を受け、二〇一〇年六月に、早稲田大学百五十年史編纂委員会が設置され、『早稲田大学百五十年史』の刊行が開始された。二〇三二年の百五十周年までに、全三巻を完結する予定で編纂作業を行い、二〇二二年に第一巻、二〇二七年に第二巻、二〇三二年に第三巻を刊行する段取りとなっている。第一巻は主に戦前〜終戦後ほどない時期まで、第二巻は新制大学となって以降、第三巻は一九九一年の大学設置基準の大綱化以降を扱うという予定となっている。特に第二巻以降は『百年史』の記述が弱い部分であり、重要度が高いとともに、事実上ゼロからの執筆となるため、困難も予想される部分である。

編纂体制と編纂の概要

編纂体制は、編纂委員会（全学から代表者を集めて合意調達を行う会議）、編纂専門委員会（執筆を担当する教員＋直接執筆に関与しない監修役の教員を含む専門家会議）、編集会議（執筆担当者の会議。執筆者は第一巻の場合専任教員三名、任期付教員一名、嘱託職員二名）という三つの会議体で構成されており、そのほか、講師（任期付）・助手助教・非常勤嘱託による事務局が編集サポートや校閲作業などを行う形になっている。なお事務局の置かれた早稲田大学大学史資料センターは、二〇二二年四月に（旧）早稲田大学歴史館（二〇一八年に展示施設として設置）と合併し、（新）早稲田大学歴史館として再編された。

『早稲田大学百年史』の特徴として、資料集が組み込まれていない点が挙げられる。この形式は『百五十年史』でも踏襲されており、資料集は刊行せず、ウェブにてデータベースを整備する方針を採っている。すでに『早稲田学報』記事データベース、東京都公文書館所蔵早稲田関係資料データベースなど、いくつかを公開している。また雑誌『早稲田大学史記要』（年一回刊）を活用して資料情報を掲載することも行っている。

また『百五十年史』の特徴として、刊本とは別に、ウェブ版を公開する点がある。ウェブ版は、ＰＤＦ版や電子ブック形式ではなく、Wikiシステムを活用して公開されることとなっている。その手始めに、二〇一八年に『百年史』本文をWikiシステムを使用して公開した。ＰＤＦや電子ブックではなく、ブラウザで読むことのできるこの形式は、学内の教職員からも使い勝手が良いと評判がよく、職員の日常業務にも広く活用されているようである。また本文の記述に誤りがみつかった際の修正も容易であるというメリットもある。

Wikiシステムの活用としては、当初は『百年史』『百五十年史』とは別に、Wikipediaのように、人々が自由に編集できる自由編集版の『百五十年史』を作ろうという案もあった。しかしながら、荒らし行為や事実関係の怪しい書き込みを危惧する声が多く、この計画は断念、現在では、「早稲田大学百五十年の歩み掲示板」を設置・公開し、そこに短文や写真の投稿を促す形式にする方向で準備を進めている。荒らし行為などを防ぐため、投稿には早稲田大学の学生・教職員・校友が持つ「Waseda ID」によるログインが必要となり、また投稿された内容は事務局でチェックした上で公開されることとなっている。しかしながら、ＳＮＳが発達した現在において、事務局による「検閲」でボツになる可能性があることがわかっていながら、わざわざその場所に投稿したいと考える人がどれだけいるかは疑問でもある。

自治体史などにおいても、少数の専門の研究者のみが住民と没交渉に編集に携わり、でき上がっても住民はほとんどそれを読まない、という問題点が指摘されて久しい。その意味では、一般参加型の年史編纂というものは、理念としては理解できる。しかし、どのような形での一般参加がありうるのか、ということは今後の大きな課題であろう。

さまざまな課題

『百五十年史』編纂は、コロナ禍もあり、現状でも円滑に編集作業が進められているとは言い難い。それでも何とか第一巻は、二〇二二年に刊行できたが、今後、事実上新たに執筆することになる第二巻・第三巻は相当な難航が予想される。最大の問題は、事務局を設置する早稲田大学歴史館に専任の教員がいないということである。嘱託や任期付の教員だけでは、年史編纂のごとき長期的な事業を遂行することは極めて難しい。慶應義塾福澤研究センターが二名の専任教員を置いていることと比べるならば、見劣りすることは否めない。

こうしたなか、筆者をはじめ学内の各学部の専任教員が執筆を継続的に担当せざるをえない状況であるが、多忙さを増す大学運営の業務のなか、授業の負担軽減等の措置もなく、通常の業務に負担が上乗せされているのが現状である。もちろん、学内の専任教員が集まることにはメリットもあり、歴史学だけでなく、教育学、政治学、経済学、法学などさまざまな専門を有する教員が集まることによって、専門的な知見を持ち寄って叙述を鍛え上げることが可能となっている。それに相応する業務負担軽減がなされることが望まれる。

他方、内容的な難題も存在する。特に第二巻以降で扱う戦後の時期は、たとえば学生運動の問題や商学部の不正入試の問題などの問題をどこまで、どのように記述するのか、という点である。年史編纂というものは、学術的な作品であるという観点からも、そして大学の自己点検としての意味においても、大学にとって不都合な事実であっても記述を行うべきはもちろんである。とはいえ、利害関係を有する人々もまだ存在する。また大学による編纂となれば、どうしても大学側の記録が中心史料になってしまいがちであり、意図せずして大学当局の考えを代弁する記述になってしまう可能性もある。たとえば学生運動の評価では、大学側と運動に関わった側とでは当然評価が異なってくるであろうし、運動に関わった側でも、どのような関わり方をしたかによっても評価が変わってくる。

このことは、年史編纂そのものがどうあるべきか、という問題ともかかわってくる。前述のヒアリングの過程でも、大学史はいわゆる「社史」であってはならず、早稲田のことだけを書くなら何の意味もない、当該期の大学全体、社会全体のなかに、早稲田を位置づけなければ意味がない、という意見がある一方で、むしろそうした歴史観・歴史認識が問われる広い意味付けには禁欲的であるべきだし、また、徹底的に「社史」としての記述＝学内の事項の記述にこだわるべきだ、教育や社会全体のなかでの位置づけはそれを読む側・利用する側が個人として考えればいいのであり、大学として行うべきものではないとの意見もあった。

年史編纂の意義

そもそも私立大学は、法律の認可の枠内にあるとはいえ、誰かに命令されて創られたわけでもなく、創設者が建学の理念をもとに主体的に創設したものである、早稲田の場合にも創設当初は、確たる理念のもと、政府と厳しく対峙した歴史を持つ。しかしながら、大学の在り方は政府の文教政策に左右されるようになってきていることも事実である。言い換えれば、早稲田大学はあくまで高等教育史の一事例でしかなくなり、早稲田大学を他の大学に置き換えても同じような歴史になる可能性すら出てくるということである。しかし、各大学の個性の面に及ばない年史であるならば、各大学別に高等教育史を編むという意味もないであろう。その意味では、「各大学の立場から見た」という立場性は外すことはできないのであり、学術的ではあっても、「中立的な」高等教育史というものはありえないだろう。むろん、自己の立場性に無自覚なのは論外であって、どの立場にたつのか、ということを自覚し明示することが大事なのであろう。そしてそこにこそ、大学として行う年史編纂事業の意義もあるのではないか。

近年、大学ランキングなどが幅を利かせ、縦一線に大学を並べて比較するようなメディアの記事も多くなってきている。しかし、本来、大学、特に私立大学はそれぞれのアイデンティティや建学の理念があって設立されたものである。研究費・論文数の多寡や偏差値だけでは測れない部分があるからこそ、教育機関としての意味があるということである。創設当時、東京専門学校・早稲田大学の関係者たちは、ライバルとして東京大学・帝国大学を強く意識してはいたが、しかし彼らが考えていたのは、同じ評価軸で東大・帝大を超えることではなく、むしろ早稲田を東大・帝大とどう差別化するか、ということであった。それぞれの個性を持つ学校が複数社会に存在し、その個性がしのぎを削り合えばこそ、社会が多様性と活力を増していく。だからこそ多様な大学が社会に存在する意味があるのである。そうした意味で、大学の年史編纂は、学術的なものであると同時に、自己のアイデンティティの確認と批判的再構築のための材料としての意味も持っている。むろん、ともすればそれは自画自賛的・独善的な評価になってしまいがちであるがゆえに、あくまで学術的な検証を経たものであるべきことはもちろんである。その上で、価値判断はあくまで読者に任せつつも、叙述の立場・視点は自覚的に明示し、かつ事実は大学の不都合な事実であっても直書するということでなくては、自己点検の材料になどはならないだろう。

人が自己紹介をする時、自分の歴史を抜きに語ることはできない。自らが今後発展するためには、なぜ自分が今こういう状態なのか、という来歴への考察は欠かせない。大学も同じである。今後の大学の多様な発展のために、自校史編纂の持つ意義は大きいと考える。

＊本稿はあくまで個人の見解であり、大学としての公式見解ではないことを付記しておく。

参考文献

早稲田大学編『早稲田大学百年史』全八巻（早稲田大学出版部、一九七八〜一九九七年）
早稲田大学編『早稲田大学百五十年史』第一巻（早稲田大学出版部、二〇二二年）
真辺将之『東京専門学校の研究』（早稲田大学出版部、二〇一〇年）

真辺将之『大隈重信――民意と統治の相克』（中央公論新社〔中公叢書〕、二〇一七年）
大日方純夫『小野梓――未完のプロジェクト』（冨山房、二〇一六年）
早稲田大学大学史資料センター『高田早苗の総合的研究』（早稲田大学大学史資料センター、二〇〇二年）
大日方純夫「「百五十年史」と早稲田大学の創立期」（『早稲田大学史記要』四三、二〇一二年）
湯川次義「『早稲田大学百五十年史』の概要とそこに求められるもの」『早稲田大学史記要』五〇、二〇一九年）
大日方純夫「大学史資料センターの一〇年」（『早稲田大学史記要』五二、二〇二一年）
佐川享平・廣木尚「早稲田大学大学史資料センターの取り組みについて」（『歴史学研究』一〇一三、二〇二一年九月）
真辺将之「早稲田大学における編纂事業のこれまでとこれから」（『早稲田大学史記要』四七、二〇一六年）
真辺将之「東京専門学校と「早稲田精神」」（中野目徹編『近代日本の思想をさぐる』吉川弘文館、二〇一八年）

第10章　中央大学一五〇年史【一八八五年七月創立】

宮間純一

1　中央大学の歴史

英吉利法律学校から中央大学へ

一八八五（明治一八）年、中央大学の前身にあたる英吉利(イギリス)法律学校が、イギリス法を本格的に教える教育機関として神田錦町（現千代田区）に創設された。英吉利法律学校を含む法律の専門家を養成するための私立学校（東京法学社、明治法律学校など）は、明治政府が「文明国」をめざして法制度の整備を進めてゆく中で誕生した。

日本が、諸外国から「文明国」として認められるためには、欧米諸国と同水準の法制度が必要だと認識されていた。制度だけではなく、それを運用できる裁判官・検察官・弁護士といった専門家の養成も求められる。私立の法律学校は、そうした社会的要請を背景に設立されたのである。

一八八九年、凹字型レンガ造り二階建ての校舎が竣工し（図1）、英吉利法律学校は東京法学院と改称した。翌年刊行された文淵編『東京遊学案内』では、東京法学院について「建築宏壮を以て鳴るものなり。又此学校は教員の勉強と生徒の衆多(しゅうた)を以て聞へ高く、認可学校の中に於(おい)ても

図1　英吉利法律学校校舎

先づ葉（羽）振りよき方にて近来は校運日に月に盛大となれり」と紹介されている。「地方少年」が東京へ遊学する際に「心得」とすべき事をまとめた案内書の中でこう書かれているので、世間の評判は良く、経営状況も悪くなかったようである。

　こうした好評の中、法整備が進んできたことを受けて、東京法学院は国内法の教育にも手を広げてゆく。さらには、東京医学院（旧東京医学校）や東京文学院と連携して「東京学院連合」を組織し、「連合東京大学」として私立総合大学を志向するようにもなっていた。だが、一八九〇年に公布された民法・商法をめぐる法典論争の影響もあって総合大学化はすぐには実現しなかった。東京法学院の関係者たちは、政府が起草した法典に対して実施延期を強硬に主張した。機関誌『法理清華』は、卒業生の法律家花井卓蔵が匿名で執筆した社説「新法典概評」が直接のきっかけとなって政府から発禁処分を受けている。政治運動の様相すら呈した法典論争であったが、一八九二年に第三回帝国議会で実施延期が決定して一応の決着をみた。

　この年の四月、四〇〇〇戸以上が焼失した神田の大火によって校舎が全焼した。八月に再築されるまでの間、一ツ橋（現千代田区）の帝国大学講義室に仮教場を設けて授業を実施している。一九〇三年には、社団法人東京法学院大学の設置が認可され、専門学校令によって東京法学院大学と改称した。さらに、創立二〇周年にあたる一九〇五年に中央大学と名称を変更し、経済学科が新設された。「国運の発展に伴ひて其事業を拡張すへきことを決定し中央大学と改称す」と、事業のより一層の拡大を目指して中央大学に改称したとされる。一九〇九年には商業学科が設けられた。「中央大学」の名称の由来については諸説あり、はっきりしたことはわかっていないが（『タイムトラベル中大一二五：一八八五→二〇一〇』）、ここにおいて法学・経済学・商学の三学科が成立し、中央大学が総合大学としての第一歩を踏み出すことになった。

その後のあゆみ

一九一七（大正六）年、失火により再び校舎が焼失するが翌年再築されている。一九一八年には大学令が発布され、一九一九年財団法人中央大学が設立された。一九二〇年には私立大学としては慶應義塾大学・早稲田大学に続いて四月に設立認可を受けている。ここに、中央大学は名実ともに大学として位置づけられることになった。法・経済・商の三学部のほか、大学院・大学予科（本科へ入学する前の教育課程）も設けられ、大学としての体系が整えられる。専門学校から大学への「昇格」は、創立者たちをはじめとする関係者の念願であった。卒業生らによる諸団体も基金の募集などに熱心に協力したとされている。

一九二三年の関東大震災で東京は壊滅的な被害を受け、中央大学の校舎も焼け落ちた。神田錦町での再建を検討したものの、この時期になると学生数が増加して校地が手狭になっていた。また、経営面でのさらなる拡大志向もあった。そこで、旧大垣藩主戸田氏共伯爵の所有地を買い取り、駿河台南甲賀町へと校地を移す決定をした。その後、一九三一（昭和六）年に夜間学部を開設。一九四四年には中央工業専門学校、敗戦後の一九四八年には通信教育部が設置された。

一九四九年、学制改革にともなって新制大学が発足するとともに、中央工業専門学校が廃止されて工学部（一九六二年理工学部に改組）が新設された。一九五一年には財団法人中央大学から学校法人中央大学に組織が変更され、文学部および新制大学院が置かれている。さらに、一九七八年、教学施設充実計画に基づいて法・経済・商・文学部が駿河台から多摩校地へ全面移転した。その後、理工学部がある後楽園キャンパス（文京区）を増築して（一九八〇年落成）、計画は完了した。この後も経営は拡大し、二〇二二年現在、八つの学部を有する大規模大学となっている。

以上が、中央大学の略史である。ここからは、年史編纂の成果などを参照しながら中央大学の歴史に関するいくつかのエピソードを紹介していきたい。

英吉利法律学校の創設

一八八五年六月二七日、英吉利法律学校の初代校長に就任することになる東京府士族の増島六一郎（図2）は、東京府知事に宛てて学校の設置願いを提出した。この願書は、記載に不備があったため差し戻されたので、増島は七月八日付けで「私立学校設置願」（以下「願書」）を再提出する。これが一一日に認められて、英吉利法律学校が誕生することになった。校地は、旧旗本蒔田家の屋敷があった東京神田区神田錦町二丁目二番地である。

「願書」に見える「本校設置ノ目的」には、日本語でイギリス法律学を教授し、「其実地応用ヲ習練セシムル」と記されている。あわせて、「教授法ノ要旨」には「英米法律ノ全科ヲ修メシメ、其実地応用ヲ習練セシメ、以テ法律ヲ業トスル者ノ学力ヲ養成スル」ことが掲げられた。つまり、英米法を体系的に学び、「実地応用」の力を身に着けた法律家を養成することが教育方針として示されている（中央大学百年史編集委員会編『中央大学史資料集』第一集）。

九月一九日、東京府下江東（現墨田区）にあった料亭中村楼で開催された開校式には、創立者・生徒のほか大審院長玉野世履・東京府知事渡邉洪基・英国領事ロバートソンら来賓をあわせて二〇〇人から三〇〇人余りが参集した。この席では、英吉利法律学校を代表して創立者の一人である高橋一勝が日本語で、増島が英語でそれぞれ挨拶をしている。高橋が編集長を務めた『明法志林』第一〇五号には開校式の様子が掲載されており、その景況をうかがい知ることができる。

図2　増島六一郎

二人は、イギリス法を学ぶ意義や英吉利法律学校の教育内容に加えて在野法曹育成の必要性、イギリス法を学ぶための専門図書を収蔵する書籍館（図書館）の設置、法学教育を通じた人格形成などを出席者に対して雄弁に語った（『中央大学百年史』通史編・上巻。以下『百年史』）。

「願書」で届けられた生徒の定員は五〇〇人であったが、正規の生徒以外に校外生制度が設けられた。校外生制度は、登校して直接授業を受けることができない地方在住者や勤労者にも学びの機会を作るための制度で、現在で言うところの通信教育課程である。校外生は、毎月一円（創設時）を納め、授業の内容を文字に起こした講義録で学び、試験の成績が良好であれば「就学証書」が発行された。開校当初、講義録は月一回配布されたが、その後頻度があがり、毎週一回送付されるようになった。一八八六年九月に刊行された第一号には、「法学通論」（講師、山田喜之助）、「契約法」（同、土方寧）、「羅馬法」・「判決例」（同、渡辺安積）の一部が掲載されている。以後、講義録は四六号（推定）まで刊行された（菅原彬州「中央大学における戦前の通信教育」、『中央大学史紀要』一二）。一八八七年の段階で、校内生六三一人、校外生一一〇七人とされており、校外生制度は需要が高かった。その後も校外生は増加し続けており、法学教育の普及に大きな役割を果たしている。

創立者たち

英吉利法律学校の創立者は増島や高橋の他に十数人いる。十数人とぼやかしたのは、人数が確定できないためである。

中央大学のホームページをのぞいてみると、創立者は一八人の「若き法律家」とされている。具体名を挙げれば、増島六一郎・高橋一勝・岡村輝彦・山田喜之助・高橋健三・菊池武夫・西川鉄次郎・江木衷・岡山兼吉・磯部醇・藤田隆三郎・土方寧・奥田義人・穂積陳重・合川正道・元田肇・渡辺安積・渋谷慥爾といった面々である。この一八人は、『百年史』編纂後に中央大学が創立者と位置づけた。彼らの出身・経歴は多様だが、多くは東京大学法学部で法学を学んだ学歴をもつ。増島・岡村・穂積はロンドンに留学し、法廷弁護士を養成・認定する非営利の協会組織ミドル・テンプル（*The Honourable Society of the Middle Temple*）でイギリス法を修め、バリスター・アト・ローの称号を受けた（土方は英吉利法律学校創設後に留学）。また、菊池武夫は、ボストン大学のロースクールに学び、バチェラー・オブ・ロー（法学士）の称号を得ている。

「願書」の提出人である増島は、その中でも中心的な人物であった。「願書」では「校長」として届けられ、実際に初代校長となった。増島は、一八五七（安政四）年に彦根藩士の家に生まれ、東京大学法学部を首席で卒業後、ミドル・テンプルへ留学している。帰国後、イギリス法の理念を伝えるために仲間たちと立ち上げたのが英吉利法律学校であった。

一八名は、濃淡があるとはいえ、それぞれが何らかの形で草創期の英吉利法律学校に関与している。だが、「願書」に添えられている創立者の履歴は、渡辺安積と渋谷慥爾を除いた一六名分しかない。渡辺と渋谷が、ここに加わっていない理由は判明していないが、「願書」を根拠とするならば創立者は一八名ではなく、一六名ということになる。一方で、もっとも早くまとめられた年史である川島仟司・高野金重編『中央大学二十年史』（法学新報社）では、創立者は一八名と明記されている。創立者の確定は残された宿題であるが、新たな史料が発見されない限り決着がつきそうにない問題である（『百年史』通史編・上巻）。ただし、創立者の一人かどうかはともかくとしても、渋谷は英吉利法律学校の初代幹事、渡辺は二代目幹事を務めており、草創期の主要な人物であったことはたしかである。

なお、この「願書」にまつわるエピソードがもう一つある。中央大学は、創立記念日を七月八日としているが、前述したとおり、この日は増島が「願書」を再提出した日である。「願書」の中で、東京府に届けられた設立年月日は七月一一日となっており、実際に認可を受けたのも一一日であった。普通に考えれば、一一日を記念日にしそうなものだが、どういうわけか、一九三一(昭和六)年施行の学則で八日とされて以後、公的には「願書」の再提出日である八日が創立記念日とされている(中川壽之「創立記念日について」、『中央大学学員時報』二九八)。

「實地應用ノ素ヲ養フ」

英吉利法律学校が誕生した頃の記録を見るとたびたび目にするのが、「実地応用」という言葉である。先に紹介した「願書」の設立趣意にも見られた。どの大学にも「建学の精神」とされる理念があるが、中央大学の場合はこの「實地應用ノ素ヲ養フ」(中央大学では旧字を使用)が選ばれている。もっとも、「建学の精神」は設立当初から定まっていたわけではない。多くの場合、後世にその地位を与えられるものである。ただし、「実地応用」が、英吉利法律学校創設時からの宣伝文句であったことは間違いない。

英吉利法律学校の設置認可がおりた後、学生募集のための広告が『朝野新聞附録』(一八八五年七月二五日）と『郵便報知新聞附録』（同月三〇日）に掲載された。この広告では、日本には英米法を専門的に教授する学校が見当たらず、「實地應用ノ素ヲ養フ」教育機関が存在しないことを嘆いて英吉利法律学校を設立したと謳われている。ここに出てくる「實地應用ノ素ヲ養フ」が、現在の中央大学では「建学の精神」として用いられている。二〇二二年に作成された広報用のパンフレット『中央大学ブランドブック』では、この「建学の精神」について、「抽象的体系性よりも具体的実証性を重視し、実地応用に優れたイギリス法についての理解と法知識の普及こそがわが国の近代化に不可欠であるというものでした」と説明されている。

当事者である増島六一郎らは、この「実地応用」をどのように理解していたのであろうか。一八八七年に増島が著した『英吉利訴訟法』（博聞社）によれば、イギリスの法学者は「枝法ヲ先ニシテ幹法ヲ後ニスル」傾向があるという。増島は、「幹法」（「主法」）は刑法のような「政府ヨリ人民ノ行為ヲ管理スル為メ、其権利義務ヲ定メタル許多ノ規則ヲ集メタルモノ」であり、「枝法」は訴訟法のような法廷へ出訴するための手続きを定めたものだとする。理論上、「枝法」（「助法」）を優先するのは順序を誤っているが、「実地応用スル」ためには「大ナル利便」があるのだと主張している。つまり、増島はイギリス法の長所を、理論よりも実務に役立てることを重視する点に見いだしていた。こうした創立者たちの認識が、「実地応用」という言葉に反映されているのであろう。

増島たちの理念は、「実地応用」に長けた法の専門家の養成であった。だが、創立者たちの

「精神」がそのまま現在に引き継がれてきたわけではない。のちに中央大学が総合大学として展開し、その歴史が『百年史』編纂事業にて振り返られる中で、「實地應用ノ素ヲ養フ」は発見されて、再定義されてゆく。「實地應用ノ素ヲ養フ」は、『百年史』編纂事業完結後、二〇一〇年に「建学の精神」としての地位を確立した。今日では、「建学の精神に基づき、社会で生きる学び、社会の実りにつながる教育」を重視し、専門分野で学んだ知識をもとに社会の課題を発見・解決する「実学」と結びつけて語られる標語となっている。

「質実剛健の校風」

「建学の精神」と混同して用いられてきた用語に「質実剛健」がある。今日では、「建学の精神」は「実地応用ノ素ヲ養フ」、「質実剛健」は「校風」を表すものとして棲み分けされているが、かつては明確な線引きがなされていなかった。

たとえば、一九五五（昭和三〇）年に刊行された『中央大学七十年史』（中央大学）の序文において、当時の総長林頼三郎（らいざぶろう）は「「質実剛健の精神」と「家族的情味」の二標語によって表現せられる本学の校風は、創立者たる諸先生及び之を承けた諸先輩の人格、思想並びに言行の上に現れた事実の集積が抽象化され、それが客観視されたもの」と記している。「質実剛健」と「家族的情味」が「校風」だと述べつつも、これらを創立者以来の人格・思想・言行と関連づけて説明してもいる。一方で、「実地応用」はこの林の文章には出てこない。

それでは、「質実剛健」はどこからやってきたのか。一九一四（大正三）年に開催された卒業式における学長奥田義人の卒業生訓示がきっかけとなって登場したとされている。さらに、その翌年の卒業式で卒業生の総代が「質実剛健ナル校風」と発言したことなどにより、徐々に学内に浸透したのだという。ただし、奥田の訓示は「堅実にして人格の高い人を養成すると云ふのか大体の主義方針」という趣旨ではあるものの、「質実剛健」という言葉自体は見られない。

奥田の訓示の全文は、法学部の機関誌『法学新報』第二四巻第八号に掲載されている。その編集時に、担当者の天野徳也が「質実剛健の校風」という題名を付し、奥田がこれを了承したことで「質実剛健」は誕生した。つまり、「質実剛健」の直接の発案者は奥田ではなく天野なのである。天野は、『法学新報』の編集主任を務めた後、中央大学の教員になった人物である。一九二〇年の『中央大学学友会誌』の創刊号発行にあたっては、編集部長という立場から「質実剛健」の題辞を提案した。この意見が採用されて、学長岡野敬次郎が揮毫し、創刊号の冒頭に掲げられている。天野は、中央大学の歴史にも関心が高く、一九一五年に『中央大学三十年史』（法学新報社）を編纂・執筆した。その緒言でも「我校風の質実にして剛健」と述べている。以後も「質実剛健」は繰り返し使われ、定着してゆくことになる。

もっとも、「質実剛健」が浸透したのは、天野の力だけではない。奥田の訓示や天野の発想は、同時期の社会状況を反映して現れたものであった。当時の社会に受け入れられやすい言葉だったのである。日露戦争後に国家統制が進められる中で「質実剛健」は推奨された。一九二三年に出された「国民精神作興詔書」では、日本国民は「質実剛健」を心がけ、上下が協力して国家の興隆を図るべきだと説かれた。これを受けて、旧制高等学校などの諸学校では「質実剛健」を校風に掲げる風潮が形成されていた（風間康紀「質実剛健の校風と中央大学」、『中央大学史紀要』一四）。「建学の精神」と同じく「質実剛健」も再解釈され、現在では「志を高く、創造的批判精神を持ち、真面目に実直に社会問題と向き合う精神」を表す言葉だと説明されている（『中央大学ブランドブック』）。「建学の精神」も「校風」も、言葉は同じでも時代に合わせて変容するものなのである。

中央大学の歌

大学を象徴するものに校歌をはじめとする歌もある。中央大学に校歌が誕生したのは、一九二一（大正一〇）年のことであった。最初の歌詞は、学生・卒業生から募集されている。一等入選はなかったが、二等に在学生の宮脇信介の作品が選ばれて採用された。作曲は、東京音楽学教授の中田章（あきら）である。「中央大学これ吾が母校」から始まるこの曲では、「質実剛健これ吾が校風」と歌われつつ、「堅忍自重これ吾が校風」と今日では忘れられた「校風」の表現も見られる。この校歌には名称がないが、歌詞の一部をとって「五千の学徒」などと呼ばれた。中央大学が大学令に準拠した大学となり、また大学スポーツが盛んになって応援歌を求める声が高まったことにより作られた校歌であった。

だが、この校歌はわずか五年で改定された。駿河台に校地を移したことにともなって新たな校歌が生まれる。作詞は小林一郎教授、作曲は音楽家の山田耕筰であった。最初の校歌の歌詞にあった「錦の町」（錦町）から移転し、「五千の学徒」の学生数を大幅に超えたことで、新しい校歌が作られたのだという。この校歌でも「質実剛健」は登場し、「質実剛健撓まず倦まず」と歌詞にある。この校歌は、「皇国の礎固めん為と中央の名に集える健児」から始まるため、敗戦後、「皇国の礎」という表現が忌避されて、一九五〇（昭和二五）年に現在の校歌である「草のみどり」が誕生した（石川道雄作詞、坂本良隆作曲）。

この歌詞には、中央大学の代名詞とされる「白門」が登場する。「白門」の呼称は、古くは一九二〇年代の学生歌や『中央大学新聞』の記事などに見られる。ところが、この時中央大学に〝白い門〟は存在しなかった。一九五九年に聖橋通り（現千代田区）に面する場所に白御影石を用いた正門（戦後、南門と呼ばれる）が建設され、これが「白門」と呼ばれるようになった。「白門」の異称は、実際に白い門があったから生まれたわけではなく、中央大学の白い徽章にちなんで付けられたとされている。なお、現在多摩キャンパスの桜広場には駿河台の正門と校舎をイメージしたモニュメントがある。

校歌のほかに、応援歌や学生歌、予科の歌など大学の歴史とともにさまざまな歌が作られ、歌われてきた。その中の一つに、今でも学生歌として卒業式などで歌われている「惜別の歌」（島崎藤村作詞、藤江英輔作曲）がある。この歌は、一九四五年三月に戦地へ赴く学友との別れの歌と

図3　1937年教練教育の様子

図4　最初の女子学生（1949年卒業式）

して作られた（奥平晋「「惜別の歌」人と時代と」、『大学時報』三九三）。他の大学同様に、戦局が悪化すると中央大学から学徒出陣を強いられた学生も多く、在学生の戦没者は四〇一名（朝鮮半島や台湾からの留学生も含む。ただし、これが全てではない）にも及んだとされている（図3）。「惜別の歌」は、ただ別れを惜しむ歌ではなく、戦争の記憶を大学にとどめるための歌でもある。

女子学生の誕生

ここまで紹介した大部分の歴史は、男性が作ってきた歴史である。敗戦までの中央大学は、女子の入学を認めていなかった。戦後の教育改革の中で女子の高等教育が重視されるようになると、ようやく女性に門戸が開かれることになり、一九四六年から男女共学に移行した。この年の四月に入学した女子学生は専門部七名・学部五名の合計一二名であった（図4）。

同年刊行された『中央大学新聞』の紙面では、「中大に何を求めるか？」というテーマのもと、女子学生の座談会が企画・掲載された。彼女たちは、将来的な女性の地位向上を目指していることを語りつつ、女子用便所の整備のほか、女子の学修環境の改善などを具体的に要望している。一九四七年には、大学当局が女子学生の〝居場所づくり〟に配慮し、女子学生会が発足するが、女子学生の学修環境が整えられるまでには時間を要した。

女子学生や女子教職員に関する研究は、『百年史』以降取り組まれるようになったが、いまだ不十分である。近年新たな資料も紹介されており（奥平晋「学友会資料と戦後女子学生会」、『中央大学史紀要』二二）、今後の年史編纂でそれらを活用した研究が進められなければならない。

2　年史編纂事業

過去の年史編纂

中央大学のあゆみを最初に「歴史」として叙述したのは、前述の川島仟司・高野金重編『中央大学二十年史』（一九〇五年）である。その後、「中央大学二十五年史要」（一九一一年）、天野徳也編『中央大学三十年史』（一九一五年）、鈴木豊重『中央大学誌』（一九二七年）、中央大学編『中央大学五十年史』（一九三五年）、中央大学編『中央大学史』（一九三五年）と刊行が続く。これらは、特定の教員・職員に負うところが大きく、大学を挙げての編纂物とはいえないものであった。その後、中央大学七十年史編纂所によって『中央大学七十年史』（一九五五年）が刊行されるが、これも丹念な資料調査に基づいた学術的な成果物とは言いがたく、八〇年史に至っては計画されたが実現しなかった。そうした中、中央大学の「初めて歴史らしい歴史」として編纂されたのが『百年史』である（「大久保次夫氏に聞く中央大学史編纂の思い出」、『中央大学史紀要』一）。

『百年史』は、「本学の歴史について、建学の精神や本学の伝統をかえりみ、将来進むべき方向をも展望し、その成立発展の過程を明らかにするものである。また、それは、本学の役割に関して教職員・学生ならびに卒業生（学員）の関心を高めるとともに本学の教育と研究の充実にとってはもとより日本における大学史の研究にも十分に役立ちうるものでなければならない」との認識のもと、「中央大学史編纂の今までの経過にかんがみ、本委員会においてすでに実施しつつある関係資料の収集整理の方針を継承し、さらにはこれを拡充する」という方針を打ち立てた（『中央大学百年史』編纂の記録）。

編纂事業を進めるための組織も整備された。一九七六年には、百年史の編纂を視野に入れ、理事長の諮問機関として史料委員会が誕生する。七九年には史料委員会専門委員会が、八〇年には大学史編纂課が設けられた。また、八一年に百年史編集委員会、八二年に百年史編集委員会専門委員会が設置され、編纂事業を担った。これにより、二〇〇一年の『百年史』通史編・上巻の刊行を皮切りに、二〇〇三年通史編・下巻、二〇〇四年年表・索引編、さらに翌年資料編が刊行された。ここに中央大学の「正史」が完成をみる。その後、組織は何度か改編され、現在は史料委員会・同専門委員会のもと二〇一五年に置かれた広報室大学史資料課がその主たる業務を引き継いでいる。

百年史の成果と一五〇年史にむけての課題

『百年史』の最大の特徴は、学内外で広く収集した資料をもとに、実証的な叙述が徹底されたことにある。『中央大学七十年史』までの年史編纂事業は、理念や体制が不十分なままに進められた。そのため、一過性の事業に終わり、収集された資料は継承されず蓄積がない状態であった。『百年史』に着手するにあたっても、「以前の年史で利用した資料の整理・保存とその継承・蓄積が行われていない」状況であり、関係者はほぼ一から資料を収集しなければならなかった（松尾正人「大学史編纂の現状と課題」、『中央大学百年史編纂ニュース』一）。中央大学の刊行物、外部の資料館・文書館などの所蔵文書、関係者の手元で保管されていた個人文書などを駆使して『百年史』で明らかにされた事実は、中央大学史の基礎を作った。

また、編纂にあたった教員・職員は、大学の歴史を、日本近現代史の中に位置づけようとする意識が強かった。ともすれば、自画自賛に陥りがちな大学史を相対化するために、編纂当時における最新の研究動向を参照しながら、禁欲的に叙述に取り組んでいる。
一方で、今日の歴史学の研究水準からすれば、見直すべき点もある。『百年史』の後、新たに発見・分析された資料も少なくない。また、年史編纂に求められる役割も変化してきた。周年事業として歴史をまとめたり、自校史教育に活かしたりするだけではなく、大学の社会的責任として収集した資料を広く共有化するアーカイブズ（文書館）としての機能も要請されるようになっている。現在、中央大学では、一四〇周年に向けた「小史」の編纂と、一五〇年史を見据えた資料収集やそれにもとづく調査・研究を進めている。『百年史』をベースとしながらも、その到達点と課題を見極め、〝いま〟に相応しい年史編纂事業を進めていかなければならない。そのために、一五〇年史編纂の意義を学内で共有することも課題である。

参考文献・ホームページ

中央大学百年史編集委員会専門委員会編『中央大学百年史』通史編上巻・下巻（中央大学、二〇〇一・二〇〇三年）
同編『中央大学百年史』編纂の記録（中央大学、二〇〇七年）
中央大学史料委員会専門委員会監修、中央大学入学センター事務部大学史編纂課編『タイムトラベル中大一二五：一八八五→二〇一〇』（中央大学、二〇一〇年）
「中央大学の歴史」、中央大学ホームページ、https://www.chuo-u.ac.jp/aboutus/history/

画像提供

中央大学広報室大学史資料課

東京10大学史略年表

年	月	出来事
一八四七	三	開明門院の屋敷跡に学習院が開校（学習院大学・女子大学）
一八五三	七	**ペリー、浦賀沖に来航**
一八五八	一〇	福沢諭吉が江戸の中津藩中屋敷内の蘭学塾で教え始める。**慶應義塾の創立**（慶應義塾）
一八五九		横浜見学をきっかけに福沢が英語を学びはじめる（慶應義塾）
一八六二	一二	朝廷が国事掛を学習院に設置（学習院大学・女子大学）
一八六三	八	**八・一八の政変**
一八六七	一〇	**徳川慶喜、大政奉還**
一八六八	四	塾に名前がつけられる（慶應義塾）／『芝新銭座慶應義塾之記』の刊行、家塾から近代私学へ（慶應義塾）
一八六九	一二	「大学」発足。昌平学校を大学本校、開成学校を大学南校、医学校を大学東校とする（東京大学）
一八七一	四	三田に移転、この移転日（四月二三日）が開校記念日に（慶應義塾）
一八七一	七	「大学」廃止、文部省の設置（東京大学）
一八七二	五	師範学校の創立。**筑波大学の創基**（筑波大学）
一八七二	七	司法省法学校の設立（明治大学）
一八七二	八	**「学制」の公布**／東校を第一大学区医学校、南校を第一大学区第一番中学校とする（東京大学）
一八七三	二	附属小学校の設置（筑波大学）
一八七三	七	校名を東京師範学校と改称（筑波大学）
一八七四	二	チャニング・ムーア・ウィリアムズが東京開市場に私塾を開設。**立教大学の創立**（立教大学）
一八七四	五	前年の「学制二編追加」により、第一大学区医学校と第一大学区第一番中学校は、東京医学校と（東京）開成学校に改称（東京大学）
一八七四	一一	ドーラ・E・スクーンメーカーによって女子小学校が開校。**青山学院大学の創立**（青山学院）
一八七四	一二頃	私塾を立教学校と称する（立教大学）

一八七六	一	華族会館で華族学校の設立提議（学習院大学・女子大学）
一八七六	四	中学師範科を新設（筑波大学）
一八七六	五	代言人規則の制定、代言人が司法卿の承認を要する免許制に（明治大学）
一八七七	一	**西南戦争**／築地居留地に移転し、海岸女学校に改称（青山学院）
一八七七	四	東京開成学校と東京医学校が合併して**東京大学が発足**（東京大学）
一八七七	一〇	神田錦町に学習院が開業。**学習院の創設**（学習院大学・女子大学）
一八七八	四	ジュリアス・ソーパーと津田仙らによって耕教学舎が開校（青山学院）
一八七九	六	立教学校として私学開業願提出（立教大学）
一八七九	九	**教育令公布**
一八七九	一〇	美會神学校が開校（青山学院）
一八八〇	一二	神田区錦町に東京法学社が移転（法政大学）
一八八〇	四	金丸鉄・伊藤修らにより神田区駿河台北甲賀町に東京法学社が設立。**法政大学の創立**（法政大学）
一八八〇	八	代言人試験の実施（明治大学）
一八八〇	一〇	築地居留地に立教学校の新校舎建設が決定（立教大学）
一八八〇	一一	「慶應義塾維持法案」発表（慶應義塾）
一八八一	一	岸本辰雄、宮城浩蔵、矢代操によって明治法律学校が開校、**明治大学の創立**（明治大学）／「慶應義塾仮憲法」制定（慶應義塾）
一八八一	四	東京英学校に改称（青山学院）
一八八一	五	東京法学社より東京法学校が分離・独立、ボアソナードの講義開始、のちに教頭就任（法政大学）
一八八一	一〇	**明治一四年の政変　国会開設の勅諭**
一八八二	四	日本で最初の学校同窓会である茗渓会の設立（筑波大学）／立憲改進党結成（早稲田大学）
一八八二	九	東京英学校と美會神学校の合同（青山学院）
一八八二	一〇	東京専門学校開校、政治経済学科・法律学科・理学科で構成。**早稲田大学の創立**（早稲田大学）
一八八三	一	立教学校から立教大学校に校名変更して開学（立教大学）

一八八三	四	福沢、『慶應義塾紀事』を記す（慶應義塾）
一八八三	一〇	青山に東京英和学校を開校（青山学院）
一八八三	一二	**徴兵令改正（私立学校生への徴兵猶予廃止）**
一八八四	三	東京法学校、神田区小川町に移転（法政大学）
一八八四		私立学校から官立学校への変更（学習院大学・女子大学）
一八八五	四	高等科（後の研究科・大学院の淵源）を設置（早稲田大学）
一八八五	七	神田錦町に英吉利法律学校が創立。**中央大学の創立**（中央大学）
一八八五	八	東京女子師範学校が東京師範学校の女子部に（九〇年まで）（筑波大学）
一八八五	九	華族女学校の創立（学習院大学・女子大学）／司法省法学校の正則科、東京大学に合併（東京大学）
一八八五	一二	**内閣制度発足**
一八八六		華族就学規則施行（学習院大学・女子大学）
一八八六	三	東京大学と工部大学校が合併して帝国大学が発足（東京大学）
一八八六	四	**学校令（帝国大学令・師範学校令・小学校令・中学校令）公布**／高等師範学校設立（筑波大学）
一八八六	五	政学講義会より講義録を発行、通信教育を開始（早稲田大学）
一八八六	一一	**私立法律学校特別監督条規**公布
一八八六	一二	神田駿河台に移転（明治大学）
一八八七	七	法科大学、文科大学卒業生は無試験で奏任官の試補に任用と定められる（東京大学）
一八八七	八	本多庸一が東京英和学校の教授に（その後、校主を兼ねる）（青山学院）
一八八七	九	政学講義会、東京専門学校出版局と改称（早稲田大学出版部。現存最古の大学出版部）（早稲田大学）
一八八八	二	大隈重信が外務大臣として政府に復帰（早稲田大学）
一八八八	五	**特別認可学校規則公布**
一八八九	二	**大日本帝国憲法発布**
一八八九	四	輔仁会が開設（学習院大学・女子大学）
一八八九	五	東京法学校と東京仏学校が合併し、和仏法律学校に改称（法政大学）

一八八九	七	華族女学校が永田町に移転（学習院大学・女子大学）
一八八九	八	「慶應義塾規約」制定（慶應義塾）
一八八九	一〇	東京法学院へと改称（中央大学）
一八八九	一二	校外生の制度を新設（一八九〇年一月、講義録第一号発行）（法政大学）
一八九〇	一	大学の前身となる「大学部」が設立（慶應義塾）
一八九〇	六	麴町区富士見町六丁目に新校舎完成（法政大学）
一八九〇	七	学習院学則を制定（学習院大学・女子大学）
一八九〇	九	坪内逍遙が中心となり文学科を創設（早稲田大学）
一八九〇	一〇	立教学校に改称。立教の日本化改革（立教大学）
一八九〇	一一	岸本辰雄が大審院判事に（明治大学）
一八九〇		農商務省東京農林学校が農科大学として帝国大学に編入（東京大学）
一八九二	三	司法官弄花事件（明治大学）
一八九三	一〇	**文官任用令公布**
一八九四	六	**高等学校令の公布**
一八九四	七	**日清戦争**／東京英和学校を青山学院に改称（青山学院）
一八九四		華族女学校に幼稚園が付置（学習院大学・女子大学）
一八九五		東京英和女学校（元の海岸女学校）を青山女学院と改称（青山学院）
一八九六	四	早稲田尋常中学校（校長大隈英麿、教頭坪内雄蔵〔逍遙〕）開校（早稲田大学）／立教学校を立教尋常中学校と立教専修学校に改組（立教大学）
一八九六	一一	福沢、「慶應義塾の目的」のもととなる演説を行う（慶應義塾）
一八九七	六	京都帝国大学の設置に伴い、東京帝国大学へと改称（東京大学）
一八九七	一〇	**師範教育令の公布**
一八九七		岸本辰雄、鳩山和夫らと日本弁護士協会を設立（明治大学）
一八九八	六	第一次大隈内閣（隈板内閣）成立（早稲田大学）

一八九九	八	**私立学校令の公布**／**文部省訓令第一二号発令**／立教中学校、課程内外の宗教教育、宗教儀式の放棄を決定（立教大学）
一八九九	九	立教学院に改称（立教大学）
一九〇〇	五	茗渓会、社団法人に（筑波大学）
一九〇〇	九	文部省より英語科中等教員無試験検定の認可（青山学院）
一九〇一	二	福沢諭吉死去（慶應義塾）
一九〇一	四	早稲田実業中学（校長大隈英麿）開校。／大学への改称に先立ち予備門として高等予科（修業年限一年半）発足（早稲田大学）
一九〇一	八	『慶應義塾略史』刊行（慶應義塾）
一九〇二		**教科書採用をめぐる疑獄事件**
一九〇二	三	東京高等師範学校と改称（筑波大学）
一九〇二	九	早稲田大学へと改称（早稲田大学）
一九〇三	三	**専門学校令公布**
一九〇三	八	専門学校令により明治大学へと改称（明治大学）／専門学校令により東京法学院大学へと改称（中央大学）／専門学校令により財団法人和仏法律学校法政大学と改称（法政大学）
一九〇三	九	高等師範部（教育学部の前身）設置（早稲田大学）
一九〇三	一一	早慶野球戦開始（早稲田大学・慶應義塾）
一九〇四	一	専門学校令により認可を受ける（慶應義塾）
一九〇四	二	専門学校令により認可を受ける（青山学院）
一九〇四	五	商学部の設置（明治大学）／清国留学生法政速成科を開講（法政大学）
一九〇四	九	大学部商科設置（早稲田大学）／留学生のため経緯学堂を錦町校舎に設置（明治大学）
一九〇五	四	早稲田大学野球部、アメリカ遠征に出発（早稲田大学）
一九〇五	八	中央大学へと改称、経済学科設置（中央大学）
一九〇五	九	清国留学生部設置（早稲田大学）

年	月	事項
一九〇五		学校法人へと組織改組（明治大学）
一九〇六	四	華族女学校が学習院と合併して学習院女学部に（学習院大学・女子大学）
一九〇七	四	『慶應義塾五十年史』刊行（慶應義塾）／大隈重信総長、高田早苗学長就任（早稲田大学）
一九〇七	八	専門学校令により私立立教学院立教大学の認可を受ける（立教大学）
一九〇七	一〇	早稲田大学校歌制定、大隈重信銅像（大礼服姿）除幕（早稲田大学）
一九〇八	八	学習院中・高等学科の目白移転（学習院大学・女子大学）
一九〇九	四	『法政大学参拾年史』（法政大学）
一九〇九	九	商業学科の設置（中央大学）／大学部理工科設置（早稲田大学）
一九一一	五	早稲田工手学校（早稲田大学芸術学校の前身）開校（早稲田大学）
一九一一	一〇	創立四〇周年記念式典及び祝賀会の開催（筑波大学）
一九一三	一〇	早稲田大学教旨を制定（早稲田大学）
一九一四	四	第二次大隈内閣発足（早稲田大学）
一九一五	八	高田早苗、文部大臣に就任し、学長を辞任。後任学長に天野為之就任（早稲田大学）
一九一七		早稲田騒動（早稲田大学）
一九一八	九	立教大学の池袋キャンパスへの移転（立教大学）／学習院学制の改正、女学部が女子学習院として再び独立（学習院大学・女子大学）
一九一八	一二	**大学令制定**
一九一九	二	帝国大学令の改正により、分科大学は学部となる。経済学部、新設（東京大学）
一九一九	四	大学部の学年開始期が九月から四月となる（早稲田大学）
一九一九	七	財団法人中央大学の設立（中央大学）
一九二〇	二	早稲田大学、慶應義塾大学が私立大学として初めて認可（早稲田大学、慶應義塾）
一九二〇	四	中央大学・明治大学・法政大学・日本大学・國學院大學・同志社大学、私立大学として認可
一九二〇	九	文学部で女子の聴講生が許可される（東京大学）

一九二一	四	聴講生として初の女性一二名が入学（早稲田大学）／麹町区富士見町四丁目に第一校舎新築移転（法政大学）／学年開始が九月から四月となる（東京大学）
一九二一	五	植原・笹川事件（明治大学）
一九二一	一二	暁民共産党事件（早稲田大学）
一九二二	一	大隈重信死去、国民葬挙行（早稲田大学）
一九二二	三	女子学習院学制の制定（学習院大学・女子大学）
一九二二	五	大学令により、私立大学として立教大学の認可を受ける（立教大学）
一九二二		同窓生組織「常磐会」の結成（学習院大学・女子大学）
一九二三	五	軍事研究団事件（早稲田大学）
一九二三	九	**関東大震災**
一九二五	四	私立高等学校の卒業生の入学開始（東京大学）
一九二五	九	東京六大学野球連盟、初のリーグ戦を開催
一九二五		女子聴講生の受け入れ（明治大学）
一九二七	一～二	大山事件（早稲田大学）
一九二七	八	青山学院と青山女学院の経営統合（青山学院）
一九二七	一〇	大隈記念講堂開館（早稲田大学）
一九二八	一〇	坪内博士記念演劇博物館開館（早稲田大学）
一九二九	四	東京文理科大学の開校（筑波大学）／専門部女子部が開校（明治大学）
一九三〇	一〇～一一	早慶野球戦切符事件（早稲田大学）
一九三一	四	夜間学部を開設（中央大学）
一九三二	五	『慶應義塾七十五年史』刊行（慶應義塾）
一九三二	一〇	大隈重信銅像（ガウン姿）および高田早苗銅像の除幕式挙行（早稲田大学）
一九三五	七	農学部が第一高等学校との敷地交換により駒場から本郷弥生に移転（東京大学）

一九三六	七	チャペル事件（立教大学）
一九三七	七	**盧溝橋事件**
一九三八	六	**文部省による中等学校以上での勤労作業実施の指示**
一九三九	四	女性四名が初めて学部へ入学（早稲田大学）
一九四一	三	東京高等体育専門学校の開校（筑波大学）
一九四一	五	『法政大学六十年史』（法政大学）
一九四一	一二	**アジア・太平洋戦争**
一九四三	四	文部省、東京六大学野球連盟に解散を命じる
一九四三	一〇	**在学中の徴兵延期が廃止、学徒出陣／教育ニ関スル戦時非常措置方策**／早慶壮行野球試合（「最後の早慶戦」）、早稲田大学内の球場で開催（早稲田大学、慶應義塾）
一九四四	四	専門部を閉じ、明治学院に合併（青山学院）／青山学院工業専門学校を開校（青山学院）／中央工業専門学校の設置（中央大学）／立教理科専門学校が開校（立教大学）
一九四五	八	日本降伏。終戦
一九四五	一〇	ＧＨＱ「信教の自由侵害の件」指令、三辺金蔵大学総長ら教員一一名の追放と立教大学の再建を命令（立教大学）
一九四五	一二	学習院学制の改正。一般市民の子弟も入学可能に（学習院大学・女子大学）
一九四六	五	女子学生誕生（中央大学）
一九四六	一〇	ＣＩＥが学習院の存続を容認（学習院大学・女子大学）
一九四六	一一	**日本国憲法公布**
一九四六		初等部、中等部（四七年）、高等部を設置（四八年）（青山学院）
一九四七	三	財団法人学習院が発足（学習院大学・女子大学）
一九四七	三	**教育基本法と学校教育法が制定**
一九四七	四	新学習院学制の施行、私立学校としての教育を開始（学習院大学・女子大学）
一九四七	七	通信教育部設置（法政大学）

一九四八	四	通信教育部の設置（中央大学）
一九四八	六	はじめての学生ストライキ（東京大学）
一九四九	四	新制大学の発足、一高合併、教養学部設置、東京高等学校尋常科を附属中学・附属高校とする（東京大学）／新制大学として認可（慶應義塾大学・早稲田大学・青山学院大学・立教大学・学習院大学・法政大学・明治大学・中央大学）／中央工業専門学校の廃止、工学部の設置（中央大学）
一九四九	五	東京教育大学の発足（筑波大学）
一九四九	一二	**私立学校法公布**
一九五〇	四	女子短期大学の開設（青山学院）／短期大学部の設置（学習院大学・女子大学）
一九五一		**私立学校法に基づき、財団法人から学校法人に変更**
一九五一	四	文学部および新制大学院の設置（中央大学）
一九五二	二	ポポロ事件（東京大学）
一九五三	三	東京文理科大学の閉学（筑波大学）
一九五六	一二	石橋湛山が卒業生として初めて首相に就任（早稲田大学）
一九五七	一一	大学協議会が発足（学習院大学・女子大学）
一九五八	一一	『慶應義塾百年史』刊行（〜一九六九）（慶應義塾）
一九六〇	六	樺美智子が安保闘争で死亡（東京大学）
一九六一	一	校史資料係設置（早稲田大学）
一九六一	八	『法政大学八十年史』（法政大学）
一九六六	一	「学費・学館紛争」始まる（早稲田大学）
一九六六	四	社会科学部開設（早稲田大学）
一九六八	六	機動隊導入を契機に医学部紛争が全学に拡大（東京大学）
一九六九	一	東大・東教大入試の中止（東京大学・筑波大学）
一九六九	四	立大紛争（立教大学）／第二次早大紛争始まる（早稲田大学）
一九七〇	四	大学史編集所設置（早稲田大学）

一九七〇	五	筑波研究学園都市建設法（筑波大学）
一九七一	一〇	筑波新大学開設準備委員会設置（筑波大学）
一九七二	一一	第一文学部二年生川口大三郎、革マル派の暴行を受け死亡（川口君事件）（早稲田大学）
一九七三	九	筑波大学法案可決（筑波大学）
一九七三	一〇	筑波大学開学（筑波大学）
一九七八	二	『早稲田大学百年史』刊行開始（〜一九九七年九月全八巻完結）（早稲田大学）
一九七八	四	多摩キャンパスで授業開始（中央大学）
一九八〇	二	商学部の入試問題漏洩が発覚（早稲田大学）
一九八〇	一二	『法政大学百年史』刊行（法政大学）
一九八二	一〇	創立一〇〇周年記念式典挙行（早稲田大学）
一九八三	四	総合文化研究科の発足、各学部がそれぞれの大学院を持つ（東京大学）
一九八七	四	所沢キャンパスに人間科学部開設（早稲田大学）
一九九〇	四	新座キャンパスで授業開始（立教大学）
一九九一	四	法学部大学院重点化（九七年に全学部完了）（東京大学）
一九九一	七	**大学設置基準等の大幅改正（いわゆる大学設置基準大綱化）**
一九九三	四	**総合政策学部設置（中央大学）**
一九九八	四	学習院女子大学の開学（学習院大学・女子大学）
一九九八	六	大学史編集所を大学史資料センターに改組（早稲田大学）
二〇〇〇	四	物性研究所と宇宙線研究所が柏に移転（東京大学）
二〇〇一	三	『中央大学百年史』刊行開始（〜二〇〇八年完結）（中央大学）
二〇〇三	四	相模原キャンパス設置（青山学院）／スポーツ科学部設置（早稲田大学）
二〇〇四	四	国立大学法人化（筑波大学・東京大学）
二〇〇四	九	学術院制度実施（早稲田大学）／国際教養学部設置（早稲田大学）
二〇〇六	四	新領域創成科学研究科が柏に移転（東京大学）

年	月	事項
二〇〇七	四	第一文学部・第二文学部を文化構想学部・文学部に再編。また理工学部を基幹理工学部・創造理工学部・先進理工学部に再編（早稲田大学）
二〇一八	三	早稲田大学歴史館開館
二〇一九	四	国際経営学部・国際情報学部設置（中央大学）
二〇二一	四	青山学院史研究所設置
二〇二三	四	早稲田大学大学史資料センターと（旧）歴史館が合併し、（新）早稲田大学歴史館に改組（早稲田大学）
二〇二三	一〇	『早稲田大学百五十年史』第一巻刊行（早稲田大学）

執筆者紹介

小林和幸（こばやし・かずゆき）【編著者／はじめに・第5章】
＊奥付参照

＊

中野目 徹（なかのめ・とおる）【第1章】
一九六〇年生まれ。筑波大学人文社会系教授。筑波大学大学院博士課程中退。博士（文学）専門は日本近代思想史・史料学。著書『政教社の研究』（思文閣出版）、『近代史科学の射程――明治太政官文書研究序説』（弘文堂）、『明治の青年とナショナリズム――政教社・日本新聞社の群像』『三宅雪嶺』（以上、吉川弘文館）など。

鈴木 淳（すずき・じゅん）【第2章】
一九六二年生まれ。東京大学大学院人文社会系研究科教授。東京大学大学院博士課程修了。博士（文学）。専門は日本近代社会経済史。著書『明治の機械工業』（ミネルヴァ書房）、『維新の構想と展開』（講談社学術文庫）、『新技術の社会誌』（中公文庫）、『関東大震災』（講談社学術文庫）など。

小川原正道（おがわら・まさみち）【第3章】
一九七六年生まれ。慶應義塾大学法学部教授。慶應義塾大学大学院博士課程修了。博士（法学）。専門は日本政治思想史。著書『西南戦争と自由民権』『福澤諭吉の政治思想』（以上、慶應義塾大学出版会）、『福沢諭吉――「官」との闘い』（文藝春秋）、『近代日本の戦争と宗教』（講談社選書メチエ）など。

太田久元（おおた・ひさもと）【第4章】
一九八〇年生まれ。立教大学立教学院史資料センター助教。立教大学大学院博士後期課程修了。博士（文学）。専門は日本近代史、軍事史。著書『戦間期の日本海軍と統帥権』（吉川弘文館）、『日本海軍史の研究』（共著、吉川弘

文館）、『財部彪日記［海軍大臣時代］』（編集協力、芙蓉書房出版）、史料紹介「支那事変出征校友関係文書」（『立教学院史研究』第一九号）など。

千葉　功（ちば・いさお）【第6章】
一九六九年生まれ。学習院大学文学部教授。東京大学大学院博士課程修了。博士（文学）。専門は日本近現代史。著書『旧外交の形成——日本外交　一九〇〇～一九一九』（勁草書房）、『桂太郎——外に帝国主義、内に立憲主義』（中公新書）、『寺内正毅関係文書』第一・二巻（東京大学出版会、共編）など。

内藤一成（ないとう・かずなり）【第7章】
一九六七年生まれ。法政大学文学部准教授。日本大学大学院博士後期課程満期退学。博士（歴史学）。専門は日本近現代史。著書『貴族院と立憲政治』（思文閣出版）、『貴族院』（同成社）、『日本初のオリンピック代表選手　三島弥彦　伝記と史料』（共編著、芙蓉書房出版）、『河井弥八日記　戦後篇』全五巻（共編、信山社）、『三条実美』（中公新書）など。

落合弘樹（おちあい・ひろき）【第8章】
一九六二年生まれ。明治大学文学部教授。中央大学大学院博士後期課程退学。博士（文学）。専門は幕末・維新史。著書『明治国家と士族』（吉川弘文館）、『西郷隆盛と士族』（吉川弘文館）、『秩禄処分』（講談社学術文庫）など。

真辺将之（まなべ・まさゆき）【第9章】
一九七三年生まれ。早稲田大学文学学術院教授・早稲田大学歴史館副館長。早稲田大学大学院博士後期課程満期退学。博士（文学）。専門は日本近現代史。著書『西村茂樹研究——明治啓蒙思想と国民道徳論』（思文閣出版）、『東京専門学校の研究』（早稲田大学出版部）、『大隈重信——民意と統治の相克』（中公叢書）、『猫が歩いた近現代——化け猫が家族になるまで』（吉川弘文館）など。

宮間純一（みやま・じゅんいち）【第10章】
一九八二年生まれ。中央大学文学部教授。中央大学大学院博士後期課程修了。博士（史学）。専門は日本近代史。

著書『国葬の成立――明治国家と「功臣」の死』（勉誠出版）、『戊辰内乱期の社会――佐幕と勤王のあいだ』（思文閣出版）、『天皇陵と近代――地域の中の大友皇子伝説』（平凡社）など。

田村　隆（たむら・たかし）【コラム1】
一九七九年生まれ。東京大学大学院総合文化研究科准教授。九州大学大学院人文科学府博士後期課程修了。博士（文学）。専門は日本古典文学。著書『省筆論――「書かず」と書くこと』（東京大学出版会）、『源氏物語』（編集協力、岩波文庫）、『高校生のための東大授業ライブ――学問からの挑戦』（共著、東京大学出版会）、『知のフィールドガイド――異なる声に耳を澄ませる』（共著、白水社）、『東京大学のアクティブラーニング』（共著、東京大学出版会）など。

山口輝臣（やまぐち・てるおみ）【コラム1】
一九七〇年生まれ。東京大学大学院総合文化研究科教授。東京大学大学院博士課程修了。専門は日本近代史。著書『明治国家と宗教』（東京大学出版会）、『天皇の歴史9　天皇と宗教』（共著、講談社学術文庫）、『はじめての明治史』（編著、ちくまプリマー新書）、『渋沢栄一はなぜ「宗教」を支援したのか』（編著、ミネルヴァ書房）、『思想史講義』全四巻（共編著、ちくま新書）など。

池田さなえ（いけだ・さなえ）【コラム2】
一九八八年生まれ。大手前大学講師。京都大学大学院博士後期課程研究指導認定退学。京都大学博士（文学）。専門は日本近代史。著書『皇室財産の政治史―明治二〇年代の御料地「処分」と宮中・府中』（人文書院）、論文「仏教教団の「近代化」における門信徒の経済的役割――明治期・西本願寺「有力門徒」らによる会社設立」（『史学雑誌』第一三〇編一〇号）など。

熊本史雄（くまもと・ふみお）【コラム3】
一九七〇年生まれ。駒澤大学文学部教授。筑波大学大学院博士課程中退。博士（文学）。専門は日本近代史、近代史料学。著書『大戦間期の対中国文化外交――外務省記録にみる政策決定過程』（吉川弘文館）、『近代日本の外交史料を読む』（ミネルヴァ書房）、『幣原喜重郎――国際協調の外政家から占領期の首相へ』（中公新書）、『近代日本公文書管理制度史料集――中央行政機関編』（中野目徹との共編著、岩田書院）など。

差波亜紀子（さしなみ・あきこ）【コラム4】
一九六七年生まれ。日本女子大学文学部教授。東京大学大学院博士後期課程退学。博士（文学）。専門は日本近現代史。著書『商人と流通』（共著、山川出版社）、『平塚らいてう――信じる道を歩み続けた婦人運動家』（山川出版社）、『成瀬仁蔵と日本女子大学校の時代』（共著、日本経済評論社）など。

湯川文彦（ゆかわ・ふみひこ）【コラム5】
一九八四年生まれ。お茶の水女子大学基幹研究院准教授。東京大学大学院人文社会系研究科博士課程単位取得退学。博士（文学）。専門は日本近代史。著書『立法と事務の明治維新――官民共治の構想と展開』（東京大学出版会）、『明治史講義【テーマ篇】』（共著、ちくま新書）など。

佐藤大悟（さとう・だいご）【コラム6】
一九九一年生まれ。青山学院大学附置青山学院史研究所助手。東京大学大学院人文社会系研究科博士後期課程単位取得退学。専門は日本近代史。著書『渋沢栄一はなぜ「宗教」を支援したのか』（共著、ミネルヴァ書房）、『経済の維新と殖産興業』（共著、ミネルヴァ書房）、論文「江戸菊の近代」（『横浜開港資料館紀要』三八号）など。

日向玲理（ひなた・れお）【コラム7】
一九八七年生まれ。青山学院大学附置青山学院史研究所助教。駒澤大学大学院博士後期課程満期退学。専門は日本近代史。著書『明治史講義【テーマ篇】』（共著、ちくま新書）、『寺内正毅宛明石元二郎書翰』（共編、芙蓉書房出版）、論文「日清・日露戦争期における日本陸軍の「仁愛主義」」（『駒沢史学』第八七号）など。

筑摩選書
0125

「日本型学校主義」を超えて
「教育改革」を問い直す

戸田忠雄

18歳からの選挙権、いじめ問題、学力低下など激変する教育環境にどう対応すべきか。これまでの「改革」の功罪を検証し、現場からの処方箋を提案する。

筑摩選書
0141

「働く青年」と教養の戦後史
「人生雑誌」と読者のゆくえ

福間良明

経済的な理由で進学を断念し、仕事に就いた若者たち。知的世界への憧れと反発。孤独な彼ら彼女らを支え、結びつけた昭和の「人生雑誌」。その盛衰を描き出す！

筑摩選書
0160

教養主義のリハビリテーション

大澤聡

知の下方修正と歴史感覚の希薄化が進む今、教養のバージョンアップには何が必要か。気鋭の批評家が鷲田清一、竹内洋、吉見俊哉の諸氏と、来るべき教養を探る！

筑摩選書
0165

教養派知識人の運命
阿部次郎とその時代

竹内洋

大正教養派を代表する阿部次郎。『三太郎の日記』で栄光を手にした後、波乱が彼を襲う。同時代の知識人との関係や教育制度からその生涯に迫った社会史的評伝。

筑摩選書
0184

明治史研究の最前線

小林和幸 編著

政治史、外交史、経済史、思想史、宗教史など、多様な分野の先端研究者31名の力を結集し明治史研究の最先端を解説。近代史に関心のある全ての人必携の研究案内。

小林 和幸 こばやし・かずゆき

一九六一年生まれ。青山学院大学文学部教授。青山学院大学大学院博士後期課程退学。博士（歴史学）。専門は日本近代史。著書『明治立憲政治と貴族院』（吉川弘文館）、『谷干城――憂国の明治人』（中公新書）、『「国民主義」の時代――明治日本を支えた人々』（角川選書）、『明治史講義【テーマ篇】』（編著、ちくま新書）、『明治史研究の最前線』（編著、筑摩選書）など。

筑摩選書 0247

東京10大学の150年史

二〇二三年一月一五日 初版第一刷発行

編著者 小林和幸

発行者 喜入冬子

発行所 株式会社筑摩書房
東京都台東区蔵前二-五-三 郵便番号 一一一-八七五五
電話番号 〇三-五六八七-二六〇一（代表）

装幀者 神田昇和

印刷 製本 中央精版印刷株式会社

 ISBN978-4-480-01767-3 C0321

人名索引

か行

さ行

は行

ま行

や行

ら行

わ行